상처받지 않고
끝까지 사랑하기

내게 상처주는 타인의 말과 행동에서 자유하기 I 유은정

상처받지 않고
끝까지 사랑하기

규장

내게 상처주는
타인의 말과 행동에서 자유하기

남몰래 어두운 밤을
보내는 이들에게

'내가 뭐라고 이런 책을 써도 될까? 나보다 더 훌륭한 정신과 의사나 상담가도 많은데…. 더구나 신학 공부도 많이 하고 영성도 훌륭한 분들이 얼마나 많은데, 내가 크리스천을 위한 책을 쓴단 말인가?'

이 책을 써보라는 제안을 받았을 때 정말 고민이 많이 되었다. 사실 서문을 쓰는 지금도 마찬가지다. 그 고민을 편집자와 심각하게 이야기하는 가운데 내 안에서 무언가 정리되기 시작했다.

이 책을 위해 편집자와 만나던 날, 나를 위해 기도했다는 그녀가 "원장님이 넘어야 할 문턱이 하나 있는 것 같습니다. 그것이 무엇인지는 모르겠지만, 그렇게 높아 보이진 않았어요. 하나님과 손을 잡고 수월하게 넘으실 수 있을 것 같아요"라고 말했다. 나는 그 말을 허투루 넘기지 않고 마음에 꼭 담아두었다.

2016년에 10월에 《혼자 잘해주고 상처받지 마라》라는 책을 내고, 난 좀 어리둥절했다. 출간 직후 베스트셀러에 오르더니 1년도 채 안 되어 10만 부가 넘게 판매되었기 때문이다. 그전에도 몇 권의 책을 냈지만 이 책의 반응은 가히 폭발적이었다.

병원 진료실에서, 그리고 방송과 강의를 통해서 상처받은 사람들이 많다는 건 알았지만 이 정도일 줄은 몰랐다. 책을 읽고 많은 독자들이 리뷰를 보내주었다. 의외의 반응이 많았다. 독자가 주로 여성일 것이라는 예측과 달리 남성이 30퍼센트가 넘었다.

그리고 크리스천인 경우도 많았다. 하나님을 믿고, 복음을 알고, 성도의 삶을 살면서도 자기 상처에 매몰되어 삶에 기쁨이 없고, 남몰래 어두운 밤을 보내는 많은 이들을 보았다. 그리고 나도 그런 시간을 보냈던 것을 떠올리게 되었다.

이 책을 준비하면서 사람의 귀에 듣기 좋은 위로가 아니라 하나님 말씀에 근거한 성경적(biblical) 상담 이론에 집중하기로 결심했다. 그래서 이미 유행이 지나간 제이 아담스(Jay Adams)나 준 헌트(June

Hunt) 같은 미국 보수주의자의 책을 다시 꺼내 보았다.

임상에서 상담하고 진료하는 전문가들은 이들의 이론을 구식이라고 여기고, 프로이트(Sigmund Freud)나 매슬로(Abraham H. Maslow)가 주장한 인간 중심의 이론을 세련된 신식이라고 생각한다. 예를 들어 우울증이 심한 유부녀가 외도를 통해 사랑을 받아 우울감이 사라졌다면 상담자는 어떻게 반응해야 할까? 외도가 항우울제 역할을 했으니 권장할 것인가?

이는 미국이나 한국에서 여전히 논란이 되는 부분이다. 그러나 성경적 상담의 측면에서 생각하면 우울증은 하나님과 틈이 벌어져 생긴 것이라고 볼 수 있다. 그렇기에 당장 인간의 욕구 해결(외도)로 근본적인 치유가 되지 않는다.

그렇다고 내가 기존 상담학이나 정신의학을 결코 무시하는 건 아니다. 진단이나 상담 방식은 기존 방식을 따르되, 말씀과 성령의 인도하심으로 변화 받아야 속사람이 바뀐다는 게 내 전제이다. 그러나 대부분의 정신과 의사는 기존에 배운 학문에만 의지하라는 수련을 받아왔다.

그 결과로 성경이나 성령을 진료실 안에서 언급하는 것은 지극히 드문 일이 되었다. 내가 넘어야 할 문턱이 바로 이것이라는 생각이 들었다. 자기 부인(self-denial)의 문턱.

이 책을 쓰면서 이런 것들이 어느 때보다 깊은 고민으로 다가왔다. 그래서 심리학과 신학의 여러 관점과 이론을 찾아보았는데 너무 방대해서 그만 압도(overwhelming)되고 말았다. 그러는 중에 성경 말씀을 보며 다윗이 물맷돌로 골리앗에게 나아갔듯이 나도 내 장점을 사용하면 되겠다는 생각이 들었다.

그러자 내 안의 두려움이 사라졌다. 아마도 내 물맷돌은 20여 년간 진료실에서 만난 사례들을 통해 내가 경험한 하나님의 치유를 접목시키고자 하는 간절함일 것이다.

너무 힘들어서 성경을 펴도 어디를 읽어야 할지 모르겠고, 기도도 안 나오고, 누구에게도 말하지 못할 때가 있다. 우리가 죄의 길로 빠질 때 대개 그렇다. 상처를 극복하기 위한 방어 기제로 방황하거나 자기 학대를 하기도 한다. 또 가장 가까운 사람들에게 화를 내고 상처를 준다.

그러면 이것이 또 다른 상처로 다가온다. 원래 상처보다도 더 큰 수치감을 느끼게 된다. 그것이 반복되지 않으려면 상처에 붙일 반창고 같은 응급약이 필요하다. 너무 급할 때 바로 사용할 수 있는 약과 처치 같은 책이 되기를 바란다.

하나님은 고통스러운 과정까지도 우리를 성숙하게 하는 데 사용하신다. 하지만 자기 문제에만 갇혀서 황금보다 귀한 시간을 낭비하지 않길 바란다. 특히 20, 30대들이 그러지 않았으면 좋겠다. 나는 대학에서 강의할 때마다 이렇게 말한다.

"나는 아프니까 청춘이라는 말이 싫습니다. 안 아픈 청춘일 수도 있으니까요."

상처에 갇혀있으면 죄 가운데 빠지고, 결국 하나님께 등을 돌리게 되기 때문이다. 나는 이 책이 예수 그리스도를 닮아가는 데 방해가 되는 상처를 없애며, 우리 내면의 어린아이가 다른 사람의 상처도 넉넉히 받아줄 수 있는 성인으로 성장하는 데 도움이 되길 간절히 바란다.

또한 이 책이 상담에 관심있는 목회자나 사역자, 정신과나 상담실에 가기 어려운 성도들, 아직 예수님을 모르는 이들에게도 작은 도움이 되었으면 좋겠다.

정신과 전문의 유은정

prologue

PART 4

친밀함의 기술, 자기중심에서 벗어나라

epilogue

상처받지
않고
끝까지
사랑하기

1
PART

크리스천의 자존감은
<u>스스로 높이는 것이 아니다</u>

chapter 1

나의
이야기

'아, 부인해야 할 자기는 바로 자기 생각, 자기 믿음, 자기만의 틀이구나.
예수님을 따르고 십자가를 지는 데 걸림돌이 되는 것을 없애는 것이
바로 자기 부인이구나!'

나를 찾는 여정은 누구나 할 수 없는 특권이다

우리는 살아가면서 많은 일들을 겪는다. 인생에는 어느 한 부분만 있는 것이 아니라 큰 그림이 있다. 그러므로 '나는 지금 인생의 큰 그림 속에서 어디에 있는가'를 살펴볼 필요가 있다. 이것을 '인생 곡선'이라고 한다. 우리는 저마다 10대, 20대 혹은 중년, 노년기를 보내고 있다. 요즘은 100세 시대다 보니 70, 80대 이후의 노년기도 굉장히 길어졌다.

전체 인생 곡선(Life Cycle) 중에는 정체의 순간도 있게 마련이다. 예를 들면, 입시에 실패하여 좌절을 경험하거나 부부가 별거 혹은 이혼 상태에 있거나 투병중이거나 실직하는 경우다. 이때 우리는 자기를 돌아보는 시간을 갖게 된다.

'나는 누구인가?'

인생의 고비마다 반드시 해야 할 질문이다.

'나는 지금 어디에 있는가? 어디로부터 와서 어디로 가고 있는가?'

이것은 인생의 목적을 찾는 질문이다. 상담을 하다 보면 이런 말을 하는 사람들이 있다.

"제가 왜 태어났는지 모르겠어요."

"사람들이 사는 게 다 너무 불쌍해요."

"왜 이렇게 매일의 일상을 지겹게 견뎌야 하나요?"

우울하면 부정적인 부분만 확대되어 보인다.

정체성을 찾기 위해서는 우선 '나'를 정의하는 것들을 다 버려야 한다. 누구의 아들, 딸, 누구의 남편, 아내, 누구의 아빠, 엄마, 어느 직장의 누구인지도 전부 버려라. 그다음에 '나는 어떤 사람인가'를 깊이 생각해보라.

그런데 우리는 그럴 여유가 없이 너무 바쁘다. 나 역시 마찬가지였다. 그래서 급행열차에서 뛰어내리듯이 모든 것을 멈추고 '나를 찾는 여정'을 떠났다. 개업 후 5년이 지난 어느 날, 학교에서 배운 지식만으로는 상담하는 데 부족함을 느꼈다. 내 정체성에 대한 의문이 들었다. '하나님에 대해, 나에 대해 더 많이 알아야겠다' 하는 생각이 들었다.

그래서 비만클리닉 & 정신과 의사, 누구의 딸, 박사학위 같은 나를 규정하던 것들을 다 내려놓고 미국 패서디나의 풀러신학대학원으로 신학공부를 하러 떠났다. 나는 신대원에 가면 내 신앙이 굉장히 좋아질 줄 알았다. 그런데 신에 대해 연구하는 학문이 결국은 인간에 대해 연구하는 학문임을 깨닫게 됐다.

우리의 지성이나 믿음으로는 하나님을 온전히 이해할 수 없지만 신학이라는 프리즘을 통해 하나님을 바라보면 어느 정도 인간을 이해할 수 있겠다는 생각을 하게 되었다.

어떤 사람들은 내게 "병원도 어느 정도 자리 잡았고, 나이도 서른 중반이나 됐는데 무슨 바람이 들어서 그러냐?"라고 했다. 어쩌면 내가 무모하게 보였을 것이다. 그러나 나는 생각했다.

'나는 은퇴하고 난 다음에야 신학공부를 하지 않겠어. 생선의 가운데 토막을 하나님께 드려야지 꼬리를 드리는 건 옳지 않아.'

지금까지 미국에서 보낸 그 시간들을 후회한 적이 없다. 학교에서는 배울 수 없었던 많은 것들을 깨달을 수 있었기 때문이다.

문제가 없는 사람은 없다

사람들은 '정신과'라고 하면 두려운 생각부터 갖는다. 그러나 요즘은 이런 선입견이 점점 줄어들고 있다. 나는 1997년부터 정신과 진료실에서 일하면서 정말 많은 사람을 만났다. 그러면서 하나님을 믿는 정신과 의사로서 많은 고민을 했다.

2016년에 《혼자 잘해주고 상처받지 마라》를 출간한 뒤에 많은 사람들이 SNS에 리뷰를 올려주었다. 그 중에서 '상처받은 사람들은 딱 보면 알 수 있다'는 반응이 눈에 많이 띄었다. 유독 더 쉽게 상처받는 사람들이 있다. 같은 일을 겪어도 유리 같은 약한 멘탈(mental)을 가진 사람은 밤새도록 끙끙 앓거나 가위에 눌리곤 한다. 그런가 하면 누가 뭐라고 하든 상처를 튕겨내는 강철 멘탈을 가진 사람도 있다.

나는 "바로 내 이야기"라며 공감하는 남성 독자들이 많은 것에 놀랐다. 사실 나는 여성 내담자를 많이 만나는 편이다. 내가 여자 의사이다 보니 공통점이 많기 때문이다.

자녀의 출산과 양육, 워킹맘으로서 가정과 직장의 양립, 대한민국에서 며느리로 사는 법 등 남자 의사들은 이해하기 어려운 영역이 많다. 그런 부분들을 사례로 들어 책을 썼기 때문에 많은 여성이 공감할 것이라고 생각했다.

그런데 막상 살펴보니 독자의 30퍼센트 이상이 남자였다. 내가 그동안 남자에 대해 이해를 잘 못했다는 생각이 들었다. 어쩌면 남자를 단지 여자에게 상처를 주는 대상으로만 여겼는지도 모른다. 그들도 상처를 많이 받고 있는데 말이다.

그 이유를 생각해보았다. 요새 자녀 양육이나 직장생활이 예전보다 힘들어졌다. 반면에 기대감은 더 높아졌다. 그런데 여자들은 여러 모임을 통해 수다로 스트레스를 풀지만 남자들은 풀 데가 거의 없다.

특히 사역자인 경우에 더 그렇다. 그래서 사역으로 지친 목회자가 정신과에 방문하거나 심리 상담을 받는 경우가 많다.

목회자 가정, 특히 목회자 자녀들을 상담해보면 무척 심각한 경우가 많다. 그들의 삶이 베일에 싸여있기 때문이다. 정상적으로 일어날 수 있는 일임에도 숨겨야 하고 터놓고 말할 수 없는 것들이 너무 많다.

어느 날, 한 목사님에게서 전화가 왔다. 고등학생 딸이 동성애자인 것을 알게 되었다며 놀라서 상담을 요청했다. 나는 언제든지 딸을 데려오시라고 말했다(여기서 낱낱이 설명할 수는 없지만, 동성애는 굉장히 다양한 연결고리가 있다).

그런데 아이를 만나보니 매우 정상적인 반응이었다. 아이는 여자 친구가 더 좋고, 보고 싶고, 팔짱 끼고 싶고, 같이 자고 싶다고 했다(성적인 의미가 아니라 그냥 같이 있고 싶다는 뜻이다).

그런데 목사님의 기준이 너무 높다 보니 딸아이가 여자 친구를 지나치게 좋아한다고 생각한 모양이었다. 사춘기 때는 먼저 동성애가 시작되고, 다음에 이성애로 진행되는 경향이 있다. 그래서 목사님에게 정상적인 범위에서 충분히 있을 수 있는 일이니 염려하지 마시라도 말했다.

목회자 가정이다 보니 올바로 자라야 한다는 부담이 아이들에게도 있다. 정신과에서는 목회자나 선교사 자녀들을 PK, MK라고 특별히 명명할 정도다. 그 정도로 목회자 가정이 특수하게 겪는 심리적 변화나 어려움이 있다.

일반 신자들의 경우도 마찬가지이다. 본인이나 가족에게 정신적인 문제가 있어도 쉽게 드러내지 못한다. 그로 인해 교회 공동체에 문제가 생겨도 덮어두기만 하는 경우가 많다.

물론 함께 치유를 위해 기도하는 것이 큰 힘이 될 것이다. 하지만 상담가나 전문의의 도움을 받는 것을 수치스럽게 생각하여 미루지 말고 꼭 도움을 받기를 바란다.

자기 부인, 나를 부인하라는 것은 무슨 뜻일까?

기독교에서 말하는 '자기 부인'은 내 마음에 늘 걸리는 말이었다. 청년부 시절, 성경공부 때면 늘 했던 질문이기도 하다. 성경에서는 자기를 부인하고 다 버리라고 하는데 나는 내가 가진 것들이 너무 좋았다.

'자기를 부인하려면 왜 공부를 열심히 하고 외모를 가꾼단 말인가'라고 생각했다. 그래서 여러 사역자에게 질문했는데 저마다 대답이 달랐다. 나 자신이 준비되어 있지 않다 보니 100퍼센트 와닿지도 않았다.

간혹 질문에 맞지 않는 답변을 들으면 기분이 안 좋아지기까지 했다. 목사님들도 받은 은사가 각각 다르고, 만능일 수 없을 텐데 그들에 대한 기대가 컸기 때문인지 실망스러울 때가 많았다.

비만클리닉을 시작한 2001년부터 자기 부인에 대한 고민이 더 커졌다. 정신과에서는 '나를 존중하고 긍정하며 가장 최우선으로 두는 것'이 행복이고 건강이라고 하는데, 기독교에서는 자기를 부인하고 예수님을 따르라고 하기 때문이다.

또 무리에게 이르시되 아무든지 나를 따라오려거든 자기를 부인하고 날마다 제 십자가를 지고 나를 따를 것이니라 눅 9:23

이 말씀을 어떻게 해석해야 할까? 부자 청년이 재산 때문에 고민했듯이 나는 말씀과 정신의학이 서로 대척점에 있는 것 같아 갈등이 많았다.

"자기 부인이 무슨 뜻인가요?"

"나를 부인하라는 뜻이지."

"그럼 나를 부인한다는 것은 무슨 뜻인데요?"

"그것은⋯."

이렇게 스무고개를 하듯 목사님과 토론도 많이 하고, 성경공부를 하며 바보 같은 질문을 꺼내기도 했다. 이 고민이 2002년에 기독 정신과 의사 모임을 시작한 계기가 되었다. 지독하게 같이 고민할 동료들이 필요했다.

"부인해야 할 자기(自己)는 무엇인가"라는 질문에 어떤 사람은 "죄의 모습을 한 자기"라고 했다. 나는 생각했다.

'내 안에는 죄 된 모습이 너무나도 많고, 늘 부족하고 연약한데 그것을 부인하는 것이 자기 부인인가? 그러면 죄성을 제외한 나머지 나는 부인할 필요가 없는가?'

당시 30대 초반이었던 나는 이 고민을 해결하고자 온누리교회 성령집회에 청년부 친구들과 참석했다. 예배가 끝나자 한 사람씩 목사님에게 기도를 받으러 앞으로 나갔다.

나는 그냥 돌아서서 나오려고 했다. 그러자 한 친구가 같이 기도를 받자며 내 팔을 끌어당겼다. 그래서 마지못해 줄을 서 있는데 앞에 서 있던 사람들이 차례차례 기도를 받으면서 옆으로 쓰러지는 게 아닌가!

내 눈에는 그것이 '집단적인 히스테리 현상'으로 보였다. 집단 속의 많은 사람이 일시에 정신적 흥분, 황홀 상태, 경련, 실신 등의 증세를 일으키는 것 같았다. 나는 속으로 다짐했다.

'나는 절대 쓰러지지 않을 거야. 치마까지 입고 왔는데 쓰러져선 안 돼. 웃음거리가 될지도 몰라.'

목사님의 기도는 귀에 들어오지도 않았다. 내 생각은 오직 그것 뿐이었다. 그런데 내 순서가 되자 갑자기 막대기가 떨어지듯이 바닥에 쓰러졌다. 정신은 맑고 또렷한데 손가락 하나 움직일 수가 없었다.

'치마가 혹시 흐트러지진 않았을까? 지금 이것이 무슨 상태인 거지?'

몸을 움직일 수 없는 그 순간, 나지막한 목소리가 들렸다.

'너는 내 것이다.'

당시에는 이것이 이사야서에 있는 말씀인 줄도 몰랐던 나는, 그냥 하염없이 눈물만 흘렸다. 그렇게 손가락 하나 꼼짝하지 못하고 바닥에 누워서 시간이 얼마나 지났을까, 그 순간이 너무 행복하고 달콤했다는 것만이 기억에 남았다. 그리고 '너는 내 것'이라는 강한 확신이 이후로 계속 나를 붙들어주었다.

시간이 지나 돌아보니 내가 '정신의학'이라는 전문지식으로 신앙적 경험을 판단하고 있었음을 알게 되었다.

'아, 부인해야 할 자기는 바로 자기 생각, 자기 믿음, 자기만의 틀이구나. 예수님을 따르고 십자가를 지는 데 걸림돌이 되는 것을 없애는 것이 바로 자기 부인이구나!'

아담과 하와가 하나님께 반역한 유명한 사건의 배후에는 '자기 충족'이라는 주제가 있다. 타락한 인간 본성의 기본 특징은 자율에 대한 욕망, 즉 자기 충족이라 할 수 있다.

하지만 예수님과 부자 청년의 대화(마 19장, 막 10장)에서 볼 수 있듯이 제자도는 자기의 욕망을 그대로 추구하면서 하나님을 열심히 좇는 흉내만 내라는 의미가 아니다. 지갑의 회심이 반드시 있어야 한다. 돈과 소유를 다루는 태도가 달라져야 한다는 뜻이다. 하나님인가, 재물인가? 제자는 두 주인을 섬길 수 없다.

변화를 위해 지불해야 할 것이 또 있다. 다른 모든 신을 내려놓지 않는 한, 하나님께서 우리의 진정한 주인이 되실 수 없다. 돈과 속박에서 벗어나 하나님만을 주인으로 모시라고 요구하시기 때문이다.

하나님께서 부자 청년을 사랑하지 않으신 것이 아니라, 그가 하나님을 사랑하지 않았다. 그러면 누가 구원에 이르겠는가? 자기 부인은 사람으로는 할 수 없으나 하나님께서는 사람을 변화시키실 수 있다. 그분과 온전히 연합함으로 자기 부인을 이루게 하신다.

그러면 나만의 십자가는 무엇인가? 남편이 바람을 피우거나 자녀가 삐뚤어지면 우리는 종종 "아이고, 저 인간은 평생 내 십자가야!"라고 푸념한다. 하지만 십자가는 내게 고통을 주는 사람을 의미하는 것이 아니다. 나를 고생시키는 사람이나 환경을 참고 푸념하며 살라는 수동적인 의미가 아니다.

십자가는 하늘에서 주신 소명 즉 자신이 가야 할 길, 감당해야 할 사명을 말한다. 예수께서 감당하신 것처럼 고통과 시련의 길이기도 하지만 피해야 하거나 정말 지기 싫은 길이 아니다. 예수께서 자기 십자가를 어떻게 지셨는지 보면 알 수 있다.

나는 풀러신학대학원의 첫 수업을 기억한다. 'Lifelong Development'라는 주제로 자신의 인생 곡선을 그려보고 그 안에서 자기 위치를 객관적으로 바라보는 선교학 수업이었다.

로버트 클린턴(Robert Clinton)이라는 노 교수는 선교사로서의 삶을 마치고 공학도였던 재능을 살려 선교사의 인생을 체계적으로 진단하기에 알맞은 도구를 개발했다. 정신의학을 전공한 내가 보기에도 체계적인 그의 작업에서 클린턴 교수의 사명, 즉 십자가를 발견할 수 있었다.

어느 날, 그의 가족이 수업에 참관한 적이 있다. 그런데 수업 도중에 갑자기 부인과 자녀들이 강의실에서 나가버렸다. 아시아 문화권에서는 있을 수 없는 일이라 당황스러웠지만, '아무리 대가여도 가족이 다 같은 마음일 수는 없구나'라고 생각했다.

그리고 그를 존경하는 전 세계의 제자들, 선교사들, 신학교 조교들과 학생들이 그의 가족이라는 생각이 들었다. 자기를 부인하고 십자가를 지는 삶을 그에게서 조금이나마 엿볼 수 있었다.

소명, 혹시 목사나 선교사가 되려는 거예요?

'기독 정신과 의사'라는 정체성은 '이 길이 내 소명이다'라는 확신 속에서 시작되지 않았다. 나는 그저 궁금했을 뿐이다.

'하나님을 알고 치유가 내 안에서 이루어졌다면 내 직업을 통해서도 사람들이 좋아지도록 도울 수 있지 않을까? 정신과 의사로서 내담자에게 가장 좋은 치료법을 적용해야 하는 것 아닐까? 내가 경험한 정말 좋은 치료법이 있다면 그들에게도 알려줘야 하지 않을까?'

서른 초반, 열정과 욕심이 많았던 나는 내담자들의 문제를 온 힘을 다해 해결해주고 싶었다. 그러면 나름 유능한 의사가 될 거라는 생각도 했던 것 같다. 그러나 열정은 잠시, 곧 에너지가 고갈되었다. 그들의 문제는 끝이 보이지 않았고, 경제적인 상황도 바뀌지 않았다. IMF와 같은 거대한 경제위기는 정신과 의사인 나를 무력감에 빠뜨리기 충분했다.

하루아침에 길거리에 나앉게 된 사람들. 경제적 위기로 이혼해야 하는 부부. 터무니없이 불어난 빚 때문에 자살을 선택한 가장. 이 거대한 힘은 진료실에 앉아있는 치료자와 환자를 모두 무력하게 만들었다.

그래서 거의 매일 지칠 대로 지쳐서 퇴근하면 쓰러지듯 누워버렸다. 이대로 계속하는 건 아니라는 생각이 들어 병원 진료를 접고, 미국으로 떠날 준비를 했다. 그때 주변 사람들이 내게 물었다.

"원장님은 왜 신학을 하시려는 거예요?"

"무슨 소명이 있으신가요?"

"혹시 목사나 선교사가 되려는 거예요?"

질문을 받으면서 나도 그 이유를 잘 몰라 헷갈렸다. 그러다 학교를 졸업할 무렵에 겨우 깨달았다. 그 이유는 '아버지'였다. 늘 성공 가도를 달렸고, 내게 삶의 모범을 보였던 아버지가 IMF 위기 때 갑자기 돌아가셨다.

당시는 가정의 너무 큰 위기라서 피부로 느끼지 못하고 지나갔는데, 그때 그 사건이 내가 신학을 공부하는 계기가 되었음을 알게 되었다. 가장 가까운 사람의 죽음을 경험했기에 나의 죽음도 예견했던 것 같다.

'언젠가 저렇게 갑자기 의미 없이 사라지는구나. 우리는 그런 존재구나. 아무리 열심히 살고 성공을 해도 물방울처럼 사라지는구나.'

대학원 수업 중에 '죽음'을 주제로 과제를 제출하고, 상여에 대한 동영상을 편집하면서 내 안에 잠재되어 눌려있던 아버지의 죽음에 대한 의미를 알 수 있었다.

컴컴한 거실의 소파에 앉아계신 아버지의 모습을 상상하게 되고, 남자 면도기 소리를 들으면 화들짝 놀랐다. 몇 년을 울면서 길거리를 방황했던 것, 검정색 옷을 즐겨 입었던 것도 다 이해할 수 있었다. 그때 도움을 주신 지도교수님의 편지 글귀가 떠오른다.

"유은정 선생, 많이 힘들지요? 인생의 어두운 터널에는 반드시 그 끝이 있습니다."

박사논문 심사를 마친 뒤, 아버지를 잃어 집안이 어려워진 내게 편지와 함께 논문 심사비 전액을 돌려주신 고마운 교수님이었다(이후 미국에서 돌아온 나는 교수님의 그 말로 진료실에서 만난 많은 환자를 위로했다).

미국 생활은 그리 행복하지 않았다. 미국에서 나는 '영어를 잘 못하는 30대 중반의 아시아 여성'일 뿐이었다. 의사 가운을 벗으니 아무것도 아니었다. 바닥까지 드러난 내 자존감의 상태를 마주하기 싫었다.

수업이 없는 날에는 영어는 물론 한국어도 한마디 하지 않고 지냈다. 하루에 수십 명의 내담자를 진료하다가 입을 닫고 지내는 것이 처음에는 힘들었지만 곧 익숙해졌다. 교회도 나가기 싫어서 종일 방에 누워만 있었다.

그때 교회의 전도사님이 나를 찾아오셨다. 그런데 주일이니 같이 예배를 드리자고 하지 않으셨다. 내게 무조건 옷을 입고 나가자고 하셨다. 그리고 낯선 동네가 익숙하지 않았던 나를 데리고 햄버거 가게로 가셨다. 뭔가 먹고 나니 햇빛이 내리쬐는 길거리가 그럭저럭 살 만해 보였다.

그리고 나서 전도사님은 내게 아무것도 묻지 않고 드라이브를

시켜주셨다. 마치 엘리야가 로뎀나무 아래에서 기진해있을 때 먹을 것을 가져다준 천사처럼.

치유의 핵심, 예수님의 보혈

주변에 돕는 천사가 있어도 내 지친 몸과 마음은 완전히 회복되지 않았다.

'내가 지금 미국에서 뭐하는 거지? 빨리 한국에 가서 돈을 벌어야 하지 않을까?'

한국에 있는 친구 의사들의 소식을 접하거나 통장 잔액을 확인할 때면 회의감이 밀려왔다. 유학생이 할 수 있는 가장 멍청한 짓이 한국에 있을 때는 '아, 미국에서 공부하고 싶어' 하다가 막상 미국에 오면 한국을 그리워하는 것이라고 하는데 내가 딱 그랬다.

하루는 새벽기도를 하러 가서 심신이 지쳐 엎드려 졸고 있었다. 한참을 비몽사몽 헤매고 있는데 불현듯 어디서인가 '피 냄새'가 났다. 비릿한 피 냄새에 눈을 떠보니 강대상 바닥이 피로 흥건히 물들어 있었다. 그걸 본 내 입에서 나온 말은 "무섭다"가 아니라 "아깝다"였다. 나는 울부짖어 기도했다.

'주님, 너무 아까워요. 저 피가 저렇게 낭비되다니요. 주님의 보혈이 그냥 버려지다니 말도 안 돼요.'

내가 그 시간에 교회에서 꿈을 꾸었던 것일까? 그날 이렇게 기도했다.

'주님, 제가 하는 카운슬링에 주님의 보혈이 없습니다. 보혈이 그냥 버려지는 게 너무 아깝습니다.'

내가 다니던 신학대학원에는 신학부(School of Theology), 선교학부(School of Mission Studies), 심리학부(School of Psychology)가 있었는데 심리학부와 신학부 간의 긴장이 늘 팽팽했다.

인본주의 학문에서 발전한 심리학과 신본주의 학문인 신학이 상담현장에서 자기들의 이론이 더 옳다고 싸우느라 정작 치유의 핵심인 복음, 즉 '예수님의 보혈'이 들어갈 자리가 없었던 것이다.

기독교인 상담가도 심리학적인 이론을 바탕으로 비기독교인 상담가와 다를 바 없이 상담 훈련을 받는다. 그렇다면 기독교인 상담자는 무엇이 달라야 하는가? 기독교인 외과 의사와 비기독교인 외과 의사의 수술 방법이 다르지 않듯이 기독교인 상담자와 비기독교인 상담자의 상담 방법이 반드시 다를 필요는 없다.

하지만 기독교인 상담자의 심리와 가치관이 성경에서 출발한다면 그 상담의 결과가 어떤 방향으로 흐를지, 어떻게 달라질지 아무도 예견할 수 없다. 특히 모든 상담은 '언어'로 진행되기에 말하는 사람의 가치관과 영성이 다 묻어난다.

내가 가장 힘들고 어찌할 바를 몰랐던 시절, 치유의 광선을 비추어주었던 것도 '말씀'이었다. 말씀과 기도의 치유 효과는 정신의학적으로도 증명되어 있다.

성경적 상담가인 제이 아담스는 "타락한 인간 본성의 기본적인 성향은 하나님으로부터 멀어지는 것"이라고 했다(《성경으로 상담하라》, 스튜어트 스캇, 히쓰 램버트 지음, 34쪽). 본래의 모습을 대면하지 않기 위해 여러 가지 속임수를 쓰게 되면서 사람들이 갖고 있는 여러 가지 문제가 생겼다.

그래서 사람들의 문제는 신학적으로 깊은 연관이 있다. 성경은 분명히 "모든 성경은 하나님의 감동으로 된 것으로 교훈과 책망과 바르게 함과 의로 교육하기에 유익하니 이는 하나님의 사람으로 온전하게 하며 모든 선한 일을 행할 능력을 갖추게 하려 함이라"(딤후 3:16,17)라고 선언한다. 그런데 헌신된 많은 기독교인들조차도 성경이 상담에 있어서 충분한 도움을 줄 수 있다는 사실을 확신하지 않는다(《성경으로 상담하라》, 41쪽).

크리스마스 시즌에 미국의 아나운서는 "메리 크리스마스!"라는 멘트를 하지 못한다. 미국에는 무슬림과 불교인도 살고 있으니 "해피 홀리데이!"라고 해야 한다는 것이다.

1970년에 개최된 미국 정신의학회 학술대회 때부터 3년간 게이 인권 운동가들은 시위, 세미나장 난입, 마이크 뺏기, 소란, 위장 입장, 전시장 난동 등을 계속 벌였다. 게이 인권 운동가들의 정치적인 요구와 게이 정신과 의사들의 호소에 이은 논쟁과 타협 끝에 1973년 미국 정신의학회는 동성애를 성도착증 범주에서 빼기로 결정했다.

영적 전쟁의 최전방에 있는 상담가들은 늘 깨어있어야 한다. 에덴동산을 흔든 사단의 목소리는 21세기에도 여전하기 때문이다.

"지성을 갖고 세련되게 생각해봐. 포스트모더니즘 몰라? 포용력은 다 어디 갔니? 답답하게 성경을 문자 그대로 해석하고 교회에서 가르치는 대로만 살래?"

그래서 이혼, 외도, 독신, 성적 순결, 낙태, 동성애 등 여러 삶의 주제들을 대하는 이 시대의 기독 정신과 의사는 기독인으로서의 가치관을 늘 점검할 필요가 있다.

chapter 2

건강한
자존감

자기 가치에 대한 잘못된 생각이나 왜곡은 과거의 상처로부터 오기 쉽다. 그런데 그것만 붙들고 상담을 하면 상처를 곱씹기 때문에 2차적인 상처를 입는다. 우리가 되뇌어야 할 것은 말씀에 내 상태를 비추어보는 일이다. 말씀은 성령이 우리와 대화하는 창구이다.

채워지지 않는 허기와 공허함

비만클리닉에서 수많은 내담자들을 만나면서 '음식의 선택도 영
적 훈련'이라는 생각이 들었다. 많은 사람들이 체중을 줄이기 위해
필요한 식사 방법을 알고 있지만, 그럼에도 실행에 옮기지 못하는
경우를 많이 보았다.

로마서 7장에 나오는 바울의 고백이 떠올랐다.

내가 원하는 바 선은 행하지 아니하고 도리어 원하지 아니하는 바
악을 행하는도다 롬 7:19

해야겠다고 생각하는 일은 하지 않고 도리어 해서는 안 된다고
생각하는 일을 하고 있는 우리 내면의 갈등을 설명한 것이다.

"원장님, 제 삶이 달라졌어요. 원장님 덕분에 저는 하루하루가 너무 행복해요."

체중 조절에 성공한 성취감과 바뀐 외모로 인한 기쁨에 넘치는 이들을 보는 보람이 있다. 그러나 연구에 따라 다르지만, 그 중 50~90퍼센트는 2년 이내에 원래 체중으로 돌아간다는 의학통계가 있다. 다시 체중이 증가하는 이들에게는 한 가지 공통점이 있다. 그들에게 식욕의 의미는 '음식'이 아니라 '위로'와 '관계'가 필요하다는 신호였다. 나는 이것을 일반적인 식욕과 구별하여 '가짜 식욕'이라고 정의했다.

특정 음식을 줄이지 못하는 사람들에게는 다른 중독과 비슷한 기전으로 보이는 '음식중독'을 발견할 수 있었다. 그들에게는 일반적인 배고픔과 다른 심리적인 허기가 있었고, 이것은 어떤 음식으로도 채울 수가 없었다.

기독인 의사의 관점에서 보면, 하나님 대신에 음식으로 위로를 찾으려는 영적 박탈감마저도 느껴졌다. 요한복음 6장 35절에서 예수님이 "나는 생명의 떡이다"(I am the bread of life, NIV)라고 선언하셨다.

그 후에 예수님은 "나는 하늘에서 내려온 살아있는 떡이니 이 떡을 먹으면 영원히 살리라. 내 살을 먹고 내 피를 마시는 자는 내 안에 거하며 나도 그의 안에 거한다. 살아계신 아버지께서 나를 보내시매 내가 아버지로 말미암아 사는 것같이 나를 먹는 그 사람도 나로 말미암아 살리라"라고 말씀하셨다(요 6:51-57절 참조).

음식 앞에서 배고픈 자신을 조절하지 못하는 환자들을 보면서 이 말씀의 의미가 더 깊이 다가왔다. 하나님은 인간에게 채울 수 없는 갈망, 즉 에덴동산의 아버지를 그리워하는 마음이 있음을 알고 계셨다.

> 이는 세상에 있는 모든 것이 육신의 정욕과 안목의 정욕과 이생의 자랑이니 다 아버지께로부터 온 것이 아니요 세상으로부터 온 것이라 요일 2:16

나는 이 말씀을 보면서 끝없는 배고픔과 공허는 영원하고 변하지 않는 것에 의해서만 채워짐을 깨달았다. 그렇다면 하나님 외에 누가 그것을 채울 수 있을까?

채워지지 않는 허기와 공허함으로 자꾸만 자신을 비난하면서 자존감이 송두리째 흔들리는 모습을 볼 때마다 안타까운 마음이 들었다. 자존감이 이 문제의 뿌리라는 생각이 들어서 지난 8년간 심리치료센터와 함께 자존감 프로그램을 운영하며 자존감 파티를 해오고 있다. 자존감 학교, 자존감 수업 등 다른 이름도 많은데 왜 파티로 했냐는 질문을 종종 받는다. 그러면 나는 웃으면서 이렇게 답한다.

"하나님의 나라는 파티입니다. 자존감은 공부해서 성적처럼 얻는 것이 아니라, 하나님 안에서 축하하며 기뻐할 일입니다."

심리학이 말하는 자존감 vs. 기독교에서 말하는 자존감

현대 심리학은 "모든 사람에게는 열등감이 있으며, 자존감을 높이는 것이 정신건강에 이롭다"라고 말한다. 아들러 심리학의 열풍으로 최근 자존감에 관련된 책들이 출판계 핫이슈가 되었다. 그래서 마치 자존감이 우리가 달성해야 할 또 하나의 과업이 되어버린 것 같다. 자존감이 낮은 사람은 무슨 수를 써서라도 그것을 올리려는 노력을 기울인다.

제이 아담스와 폴 비츠와 같은 기독 상담가는 "성경은 자기 부인을 강조하므로 자존감은 자기 숭배이며 긍정적인 자존감을 위해 복음이 왜곡되어서는 안 된다"라고 경고했다. 류상평은 《자존감이라는 독》에서 낮은 자존감도 장점이 많으며, 자존감을 향상시키려는 압박을 너무 크게 받지 말라고 경계한다.

반면에 로버트 슐러 목사님은 "그리스도인들도 자신을 존중하고 자기에 대해 좋은 느낌을 가져야 하며 자신에 대한 부정적 평가에서 해방되어야 한다"라고 말했다.

나는 기독인의 자존감에 대해 균형 있는 관점을 피력한 복음주의 신학자 맥그래스의 말에 동의한다. 그는 "우리의 자존감은 내가 나를 어떻게 생각하고 남이 나를 어떻게 생각하느냐가 아니라, 하나님이 나를 어떻게 보시느냐에 근거해야 한다"라고 말했다.

심리학이 말하는 자존감의 한계는 자기를 중시하는 자기숭배이지만, 기독교적 자존감은 그리스도 안에서, 그분을 통해 자신을 중시하는 것이다.

과연 우리 스스로 자존감을 높일 수 있을까? 심리학에서는 작은 성취들을 통해 자존감을 올릴 수 있다고 말한다. 하지만 성취를 위해 시도한 시험이나 면접에서 실패한다면, 어렵게 쌓아올린 자존감이 또다시 무너질 것이다.

20대의 외모와 몸매가 아무리 뛰어나도 나이가 들면 점차 무너져 의학적인 도움을 받아도 예전과 같은 모습을 유지하기 어렵다. 혹독한 다이어트를 통해 꿈의 체중에 도달하더라도 평생 유지하기란 쉽지 않다.

부, 명예, 소유, 지혜 등 성취가 자존감을 높여준다고 믿는 것은 율법의 행위에 근거한 거짓 자존감이지만, 그리스도를 믿는 믿음에 근거한 진정한 자존감은 존재에 근거하기 때문에 쉽게 사라지지 않는다.

우리의 가치는 분명한 성경적 사건을 통해 이미 확증되었다. 바로 '십자가' 사건이다. 하나님의 목숨, 즉 전부를 우리의 몸값으로 지불하신 것만으로도 족한데, 휘장이 찢어져 하나님과 거리감 없이 은혜의 보좌 앞에 담대히 나아갈 수 있게 되었다.

우리 모두에게 어렴풋이 남아있던 하나님 아버지에 대한 기억, 에덴동산에서의 추억이 현실이 되었다. 죄인이었을 때에 이미 택함을 받은 우리는 하나님의 자녀가 되었다. 선택받을 만한 조건이 있어서 입양된 것이 아니다. 입양됨은 크게 혈통(닮은 이미지), 상속권(재산과 능력, 영적 권위), 양육(보살핌 받고 필요를 구할 수 있음), 하나님의 의(죄를 회개하고 용서받음)와 같은 권리를 약속받았다는 뜻이다. 지금 한번 스스로에게 질문을 던져보자.

'내 안에 예수님이 계시는가? 나는 예수님을 닮아가고 있는가?'

예수님의 달란트 비유에서 한 달란트를 받은 종은 주인에게 크게 혼이 났다(마 25:14-30 참조).

"이 악하고 게으른 종아!"

나는 의아했다.

'달란트를 그대로 가져왔으니 게으른 것은 맞는데, 왜 악하다고까지 하셨을까? 그가 남에게 해를 끼친 것도 아닌데….'

이 말씀을 통해 우리는 하나님이 우리에게 주신 은사와 영적 권위를 사용하지 못하도록 억누르는 것이 두려움과 무지임을 깨달아야 한다.

이 비유의 한 달란트 받은 종처럼 자신이 소유한 달란트를 업신여기며 '과연 내가 무엇을 할 수 있을까' 두려워서 가만히 있는 건 아닌가? "벌레 같은 나"라는 찬송가 가사(143장)처럼 연약한 자기 가치에만 머물러 있지 않은가? 하나님께 귀히 여김 받고 사랑받는 피조물로 자기 가치를 볼 수 있어야 하는데 그러지 못하는 건 아닌가?

우리의 장점과 약점을 있는 그대로 평가하는 현실적인 자기 평가가 있어야 한다. 나는 성경에 나오는 인물 중 대표적인 자존감의 대가는 바울이라고 생각한다. 그는 자기 가치의 세상적인 개념을 하찮은 것으로 여겼다.

또한 모든 것을 해로 여김은 내 주 그리스도 예수를 아는 지식이 가장 고상하기 때문이라 내가 그를 위하여 모든 것을 잃어버리고 배설물로 여김은 그리스도를 얻고 그 안에서 발견되려 함이니 빌 3:8,9

그는 자신의 미래 신분이 로마 시민권자가 아니라 천국의 시민권자가 될 것을 알았다. 그의 신분이 곧 예수님처럼 될 것이기에 현재 자신을 긍정적으로 평가할 수 있었다.

자존감의 대가, 사도 바울

바울은 그리스도에게 잡힌 바 되어 그분과 뛰어난 애착관계를 보여줬으며, 육체의 가시나 어떤 형편에도 자족하는 일체의 비결을 알고 있었다. 그를 고난 신학의 대표 인물로 꼽을 정도로 어려운 상황에서도 만족하며 평안을 잃지 않았다.

그것이 현실적으로 가능했던 이유는 무엇일까? 정신과 의사로서 나는 바울이 말하는 자존감에 집중하게 되었다. 바울의 자존감은 세상의 기준이 아닌 "어제나 오늘이나 영원토록 동일하신 그리스도와 연합"에서 비롯되었다(히 13:8 참조). 즉, 그리스도가 내 안에 사시기에 그의 자존감을 유지할 수 있었다.

'그리스도와 연합'에 대해 묵상해보라. 복음서에서 예수님이 자신을 생명의 떡, 살아있는 생명수라고 선언하신 것을 기억할 것이다(요 6~7장 참조). "나를 먹으라", "나를 마시라"라는 말씀은 그냥 비유적 언어가 아니라, 예수 그리스도를 먹고 마시는 소화과정을 통해 내 몸의 일부로 만들라는 이야기이다. 이런 육적인 경험을 통해 바울은 세상적인 개념들을 하찮은 것으로 여길 수밖에 없었다. 썩어 없어질 것들에 마음을 주지 않게 된 것이다.

그는 미래의 신분을 알기에 현재 자신을 긍정적으로 평가할 수 있었다.

우리의 낮은 몸을 자기 영광의 몸의 형체와 같이 변하게 하시리라
빌 3:21

바울의 '육체의 가시'(a thorn in my flesh, NIV)가 무엇인지는 성경에 명시되지 않았지만, 그는 육체의 가시가 "나를 쳐서 너무 자만하지 않게 한다"라고 고백했다(고후 12:7 참조). 하나님께서 육체의 가시를 거둬달라는 바울의 기도를 거절하셨지만, 그는 "이는 내 능력이 약한 데서 온전하여짐이라"(고후 12:9)라는 하나님의 말씀을 기쁨으로 받아들였다.

또한 그는 어떤 상황에서도 자족할 수 있었는데, 배고픔과 풍부와 궁핍에도 만족할 수 있는 일체의 비결, 즉 자존감의 충만함을 배웠기 때문이었다(빌 4:12 참조).

삭개오, 자존감의 회복을 경험하다

군중 속에서 나무 위에 올라가 예수님을 바라보던 삭개오가 있었다. 예수님은 아무도 인정하지 않았던 그의 이름을 먼저 불러 알아봐주셨다.

그리고 그의 집에서 유하면서 함께 식사하시겠다고 수많은 인파들 앞에서 선언하셨다. 그는 예수께 받아들여진 후 바로 회개했다. 토색한 일이 있으면 4배로 갚겠다며 곧바로 행동의 변화를 보였다. 마침내 예수님은 그를 향해 "구원이 이 집에 이르렀다"라며 회복과 치유의 선포를 해주셨다(눅 19:1-10 참조).

그동안 삭개오가 자존감이 손상되어 힘들어했음을 영원하신 절대 존재가 이미 알고 계셨다는 것이 그의 자존감 회복의 시작점이었다. 자존감을 회복하려면 '수용'과 '회개'가 반드시 필요하다.

세속적인 상담이 기독교 상담과 다른 부분은 회개를 놓치고 있다는 점이다. 회개는 우리에게 하나님의 사랑과 용서가 왜 필요한지 근본적인 죄를 건드리는 중요한 과정이며, 이를 통해 죄책감이나 수치감에서 자유로워질 수 있다.

정신의학자 칼 메닝거(Karl A. Menninger)는 《Whatever Became of Sin?》에서 "정신병 환자들에게 그들의 죄가 용서받았음을 확신시킬 수만 있다면, 이들 중 4분의 3은 다음 날 퇴원할 수 있을 것이다"라고 말했다.

간음으로 잡혀온 여인도 예수님의 태도에 확실히 놀랐을 것이다. 그녀는 변명의 여지가 없는 죄를 지었으며 사람들에게 끌려와 수치심과 모욕감을 느꼈다. 하지만 예수님은 그녀를 비난했던 다른 사람들과 달랐다. 그녀의 죄를 눈감아주지는 않으셨지만, 다시는 죄를 짓지 말라고 하면서 그 상황을 종료시키셨다.

우리는 모두 유혹을 받는다. 누구나 죄에 빠질 수 있고, 이로 인해 정죄감에 시달릴 수 있다. 죄의 본질을 축소하려고 해서도 안 되며, 도덕적으로 교만한 태도를 보여서도 안 된다.

자기 가치에 대한 잘못된 생각이나 왜곡은 과거의 상처로부터 오기 쉽다. 그런데 그것만 붙들고 상담을 하면 상처를 곱씹기 때문에 2차적인 상처를 입는다. 우리가 되뇌어야 할 것은 말씀에 내 상태를 비추어보는 일이다.

부족함에도 불구하고 그리스도가 내 안에 사시는 것, 즉 우리의 약속된 상태를 바라보아야 한다. 자존감의 근거가 되는 약속의 말씀을 붙들어야 한다. 말씀은 성령이 우리와 대화하는 창구이다.

"교회는 환자 공동체"라는 말이 있다. 건강한 사람에게는 의사가 필요 없듯이 교회와 성도는 용서받은 현재의 내 모습과 성화 과정을 통해 변해가야 하는 내 모습 사이의 간격을 줄여나가기 위해 협력해야 한다.

또한 목회자들은 복음의 올바른 이해를 돕는 설교를 통해 성취를 존중하되 그것에 의존하지 않는 자존감의 근거를 가르쳐야 한다. 성도들은 기독교인으로서 죄를 짓는 자신의 모습을 자기 비난이나 열등감 등으로 회피하려 들거나 근거 없는 칭찬이나 인정으로 위로하는 것을 그만두어야 한다.

기도는 대상의 가치를 높이는 효과가 있다. 누군가를 위해 기도하거나 사람들과 함께 기도하는 것은 자존감을 높인다. 공동체 안에서의 성만찬도 영적인 의미를 갖는데, 그리스도가 우리 안에 살아서 자존감의 근거가 되심을 선포하는 경험이 된다.

chapter 3

내가
소중한 존재인 이유

'금은보화가 나라니…. 내가 금은보화라니! 그 어떤 신학적, 심리학적 설
명 없이도 말 한마디에 이렇게 마음의 울림이 생기다니! 하나님은 내가
하려는 성취(Doing)보다 나의 그대로의 모습(Being)에 더 관심이 있으시
구나.'

금은보화는 대체 어디 있나요?

자존감이 낮은 사람에게 자존감을 높이는 법을 가르치고 코칭 하지만 도리어 더 낮아지는 경우를 본다. 칭찬을 들어도 칭찬으로 느끼지 못하기 때문이다. 자존감이 낮아서다.

"오늘 입은 옷 색깔이 너무 예쁘다"라고 하면 '어머, 내 옷 색깔 이 너무 튀나'라고 생각한다. 자존감을 높이려고 애쓰는 일이 오 히려 독이 될 수 있다. 그러나 가장 근본적인 정체성을 알면 자존 감은 자연스럽게 생긴다.

곧 창세전에 그리스도 안에서 우리를 택하사 우리로 사랑 안에서
그 앞에 거룩하고 흠이 없게 하시려고 엡 1:4

하나님께서 우리를 창세전에 먼저 택하여 부르셨다. 우리가 어떤 사람인지를 보고 결정하신 것이 아니다. 그렇기에 자존감은 내가 만드는 것이 아니다. 하나님이 나를 사랑하셨고 부르셨기에 생긴다. 내 상태와 상관없이.

미국에 있을 때 내적 치유 세미나에 참석한 적이 있다. 당시 나는 예수님의 치유 방법이 정말 사람들에게 적용될 수 있을지 궁금했다. 세미나 장소에 가기 위해 캘리포니아의 돌산을 지나 한없이 달렸다. 가기 전에 기도를 받았는데, 이 세미나에 가면 금은보화를 보게 될 것이라고 했다. 그래서 기대감이 더 충만했다.

그런데 3박 4일의 세미나 기간 동안 별다른 일이 없었다. 그냥 일반적인 세미나와 비슷했다. 갑자기 속이 상했다. 그래서 마지막 통성기도 시간에 울면서 기도했다.

'하나님, 이게 뭡니까? 돌산을 뚫고 왔는데 금은보화는 대체 어디 있나요?'

그때 이런 마음이 들었다.

'금은보화는 바로 너다.'

네가 내 눈에 보배롭고 존귀하며 내가 너를 사랑하였은즉 사 43:4

'아, 금은보화가 나구나! 왜 한 번도 생각하지 못했을까?'

그때까지 난 정말 열심히 살았다. 엄마 말씀도 잘 들었고, 공부도 열심히 했고, 환자도 열심히 진료했다. 그런데 단 한 번도 나 자신을 칭찬해준 적이 없었다. 이날 나는 완전히 무너졌다.

금은보화를 캐게 될 것이라는 말이 내게 온 우울증 환자가 통곡하며 좋아지고, 이혼하려던 부부가 손잡고 함께 살기로 했다며 사이좋게 나가는 것인 줄 알았다.

'금은보화가 나라니…. 내가 금은보화라니! 그 어떤 신학적, 심리학적 설명 없이도 말 한마디에 이렇게 마음의 울림이 생기다니! 하나님은 내가 하려는 성취(Doing)보다 나의 그대로의 모습(Being)에 더 관심이 있으시구나.'

난 그동안 성적이 좋거나 환자를 많이 보거나 치료 효과가 좋아야 인정받는다고 생각했다. 그런 성과가 전혀 없어도 있는 그대로의 내가 정말 소중하다는 생각을 하지 못했다. 왜냐하면 내게는 그럴 조건이 없다고 생각했기 때문이다. 누가 주입시켜 주지 않는 한 스스로 생각하지 못한다.

우리 주변에는 자신이 소중하다는 것을 믿지 않는 사람들이 너무나 많다. 그들은 자신이 뭔가 부족하다는 생각 때문에 더욱 더 성과를 위해 달려왔을지도 모른다. 자신이 그래도 '괜찮은 사람'이라는 눈에 보이는 증거가 있어야 마음이 놓이기 때문에.

'그래, 금은보화가 맞아. 하나님이 직접 죽으심으로 나를 구해주셨잖아. 그 가치는 헤아릴 수 없는 최고의 것이야.'

내가 소중한 존재인 이유는 딱 한 가지다.

"내가 너를 사랑하였은즉"(사 43:4).

자신감 vs. 자존감 vs. 자기 부인

'자신감'은 doing, 즉 겉으로 나타나는 결과적인 부분이다. 그런가 하면 자존감은 '자기 스스로를 어떻게 바라보는가'이다. 이는 자기 가치와 관련되어 있다. 나의 효능, 내가 어떤 것을 잘할 수 있는지도 포함된다.

감정조절을 잘 못하는 사람은 자존감이 낮다. 그런데 우리는 그런 사람들에게 "또 저래"라고 비난한다. 자기조절감이 없는 사람들은 화내고 난 다음 나락으로 떨어진다. '내가 또 그랬구나'라며 자책한다. 엄마에게 욕하는 자녀는 자신을 더 미워한다. 인간이기에 그것이 나쁘다는 걸 알고, '내가 엄마에게 또 욕했구나. 왜 내 감정 하나 컨트롤 못할까?'라고 자책한다.

10대, 20대 초반에는 무엇 때문에 화가 나는지도 모른다. 그냥 짜증이 난다. 놀이치료를 하거나 청소년 심리 상담을 하다 보면 아이들이 자기 감정을 잘 인식하지 못하는 것을 알게 된다. 성인도 마찬가지다. 남자들 중에는 감정 불능인 사람이 은근히 많다. 그들은 무엇 때문에 그런 말과 감정이 나오는지 알지 못한다.

'자존감'이란 말은 나의 회심에 큰 도움이 됐다. 나는 3대째 모태신앙으로, 엄마가 가라고 하니까 교회에 다녔다. 그렇게 다니면서도 듣고 배운 것이 있어서 내 안에 신앙의 씨앗이 항상 있었다. 의과대학에 다니면서는 공부만 하다 보니 청년부 활동을 제대로 할 수 없었다. 크리스마스 때도 시험을 볼 정도니 교회 활동은 생각할 수도 없었다.

그러던 중에 IMF로 많은 가정이 무너졌다. 개인의 잘못이라기보다는 사회의 구조적인 문제 때문이었다. 우리 집도 회복되는 데 10년이 걸렸다. 당시 나는 너무나 갈급한 마음에 성경책을 붙잡았다. 하지만 거의 30년 가까이 교회에 다녔음에도 어디서부터 읽어야 할지 몰랐다. 그래서 무작정 창세기 1장 1절부터 읽기 시작했다.

그런데 1장 27절, "하나님의 형상대로 사람을 창조하셨다"라는 말씀을 보자 갑자기 눈물이 쏟아졌다. 그동안 하나님을 떠나있었던 것을 회개했다. 그러자 하나님을 점점 더 알고 싶어졌다.

'하나님의 형상'의 뜻이 궁금해서 영어성경을 찾아보니 "Image of God, God's Image"라고 적혀있었다. "형상"이라는 말은 평소에는 잘 사용하지 않는데 이는 '이미지'란 뜻을 갖고 있다. 하나님의 모습을 우리 안에 만드셨다는 뜻이다.

당시에는 이것이 무슨 뜻인지 전혀 이해하지 못했다. 그런데 나중에 신학교에서 공부하면서 '형상'이란 말이 매우 중요한 신학적 의미가 있음을 알게 되었다. 우리 안에 하나님의 형상을 심어주셨다는 뜻이다. 우리 안에 그런 희망이 담겨있다.

나의 회심이 일어난 1998년에는 10여 년 후에 신학공부를 마치고 귀국하여 "굿이미지"(Good Image, God's Image)라는 심리치료 센터를 시작할 줄 미처 몰랐다.

나는 회심 이후 하나님의 형상에 대해 관심을 갖고 공부하기 시작했다. 사람은 다 다르다. 일란성 쌍둥이도 자세히 보면 다르다. 우리 각자에게는 창조주가 주신 독특한 고유의 모습들이 있다. 나 자신을 존중해야 되는 이유가 여기에 있다. 하나님의 형상을 품고 있기 때문이다.

성경에도 자기 자신을 함부로 여기라는 말씀은 없다. 우리는 선악과나 따 먹고, 남이 잘되는 걸 보면 시샘하고, 서로 아프게 하다가 결국 죽고 마는 존재가 아니다. 각자 세상에 태어난 목적이 있다. 행복하기 위해서, 좋은 일을 하기 위해서, 인생의 목적을 이루기 위해서 태어난 것이다.

왜 자기를 낳았냐고 엄마에게 한탄하는 자매가 있었다.

"엄마는 왜 나를 낳았어? 이런 세상에 왜 태어나게 했어?"

나는 그녀를 만날 때마다 말해줬다. 자녀는 우연히 생기는 게 아니라고. 의학적으로도 몇천만분의 1, 몇억분의 1의 확률을 뚫고 태어난다고.

성경에서 자기 자신을 사랑하라고 직접 명령하진 않는다. 하지만 자신을 하나님께서 귀히 여기고 사랑하는 피조물로, 은사를 받은 그리스도의 지체로 여겨야 한다. 성령이 우리 안에 거하시기 때문에 우리는 자신을 사랑할 수 있다. 그러므로 이런 자기애는 이기심과 다르다.

이기심이 언제나 자신이 받은 상처를 되뇌며 억울해한다면, 자기애는 자신이 줬을지 모를 상처를 돌아보며 자책한다. 그러므로 하나님을 섬기라고 주신 개인적인 재능, 능력, 성격, 역량을 부정하는 것은 자기 부인이 아니라 자기 기만이다.

'자기 부인'은 이기주의, 자기중심성을 버리고 죄악된 본성에 혐오감을 갖는 것이다. "인간은 무가치하며 우리의 바람, 사고, 능력들은 부정되어야 한다"라는 가정은 영적인 것 같지만 하나님께서 주신 것을 모두 부정하는 것을 전제하므로 성경적이지 않다.

그러므로 자기 부인의 관점에서 자기애는 자신이 하나님의 자녀라는 가치를 받아들이되, 자신을 세상의 중심에서 포기하기로 작정하며 하나님의 용서와 회복이 필요하다는 것을 인정하는 것이다.

자존감이 중요한 이유, 자생(自生)의 시대

대체 자존감은 왜 중요한가? 선택해야 할 것은 많고, 시간은 없어서이다(So many choices, So little time!). 1990년대 국제자존감협회에서 자존감이 중요한 이유에 대해 "수많은 선택들을 내려야 하는 자기 자신을 믿어야 되는데 그걸 믿지 못한다"라고 정의했다.

사실 우리는 자존감이나 선택하는 법을 어디에서도 배운 적이 없다. 나는 여기에 한 가지를 더 추가하고 싶다. 우리나라에서 특히 자존감이 중요한 이유는, 한 치 앞도 볼 수 없는 불안한 정세 때문이다. 내가 나를 보호하지 않으면 안 된다고 느낀다. 자존감도 마찬가지다. 누가 대신 챙겨주는 게 아니다. 소중한 것을 옆에 끼고 있듯이 자존감도 끼고 있어야 한다.

2016년 출판계의 대표 키워드가 '자존감'이었다. 왜 자존감이 대세일까? 내가 운영하는 심리치료센터에도 '자존감'이라는 프로그램이 따로 있다. 모두가 자존감에 관심이 많다.

옛날에는 조부모가 같이 살면서 도와준다든지 이웃이 서로 도와주는 일이 많았다. 김장을 해도, 애를 키워도 여러 명이 다 같이 했다. 그러나 요즘은 혼자 한다. 자생의 시대다.

심리적인 것도 마찬가지다. 책을 보든, 스스로 치료를 받든 각자 알아서 해야지 누가 대신 해주는 것이 거의 불가능한 시대가 됐다. 다들 너무 바쁘다. 자생의 시대이다 보니 자존감, 힐링이 대세가 된 것이다.

이렇게 될 수밖에 없는 여러 이유 중 하나는 1인 가족이 많아진 데서도 찾을 수 있다. 나는 1인 가족의 정신건강에 대해 관심이 많다. 비혼(非婚)과 노인 인구가 많아지면서 고독사가 늘고 있다. 먼 일이 아니다. 우리나라보다 흐름이 10년에서 20년 정도 빠른 일본이 현재 겪고 있는 일이다. 죽음도 혼자 맞이하는 시대가 되었다.

그래서 스스로 마음과 신체 건강을 챙겨야 한다. 누가 내 짐을 짊어져 줄 거라고 생각하면 안 된다. 배우자나 자녀가 옆에서 챙겨줄 수는 있지만, 1차적(primal) 책임은 자신에게 있다.

자존감이 중요해진 또 다른 이유는 '끊임없는 비교' 때문이기도 하다. 우리 사회가 '몇 살에는 이걸 하고, 몇 살에는 저걸 해야 하는' 정답사회로 가다 보니 그렇다.

예전에 복지TV에서 무료상담 봉사를 한 적이 있다. 생방송으로 걸려오는 전화를 받아 상담하는 프로그램이었다. 다양한 전화가 쏟아졌다. 그런데 오전시간이라서인지 90퍼센트의 상담 내용이 자식이 결혼을 안 해서 고민이라는 것이었다.

엄마가 결혼을 안 한다고 스트레스를 주고, 남자 친구를 만나도 매번 헤어져서 고민이라는 자매가 있었다. 내가 그녀에게 "결혼한 친구들이 애 키우느라 정신없을 때, 당신은 하고 싶은 걸 다 하지 않습니까?"라고 말했다. 내게 없는 것만 확대해서 생각하지 말고 좋은 것을 생각하라.

혼자 잘해주고 상처받지 않는 법

: 마음의 근육 키우기

마음에도 근육이 있다. 심리학 책 100권을 읽는다고 행복해질까? 건강서 100권을 읽는다고 몸짱이 될까? 아니다. 직접 운동을 해서 근육을 키워야 한다. 마음의 근육도 훈련이 필요하다. 체력, 근력, 유연성은 운동을 통해 얻을 수 있다. 그렇다면 마음의 근육을 키우기 위해서는 어떻게 해야 하는가?

마음의 체력을 키우는 비결은 '재충전'이다. 휴대폰처럼 마음도 충전시켜야 한다. 그것도 미리미리 해야 한다. 그래서 나는 사람들에게 제안을 한다. 주부든, 직장인이든 제3의 공간(The Third Place, 미국의 유명한 사회학자 레이 올든버그(Ray Oldenburg)가 처음 사용한 개념)을 만들라고 한다.

우리는 어떤 의무도 없는 공간이 필요하다. 주부는 퇴근이 없다. 워킹맘은 퇴근하고 집에 가면 또다시 출근이다. 목회자도 마찬가지다. 주일날 설교만 하고 나머지 날에는 쉬는 것이 아니다. 해야 할 일이 너무 많다.

심방도 가야 하고, 성도들의 요구도 들어줘야 한다. 공부해야 될 것도 많다. 심지어 가정 경제를 위해 투잡(two job)을 갖는 목회자도 있다.

그렇다면 제3의 공간은 무엇일까? 예를 들어보겠다.

퇴근을 한다…▸집에 가면 일거리가 쌓여있다…▸집안일을 하다 보면 힘들어서 아이들에게 짜증을 낸다.

이런 반복을 끊기 위해 퇴근 후 집에 가기 전에 잠시 쉴 곳에 들르는 것은 어떨까? 30분 정도 혼자 커피를 마시는 것도 좋다. 꼭 커피숍에 들러 커피를 마시라는 것이 아니다. 나만의 아지트를 만들라는 뜻이다.

나는 주로 한강 고수부지를 이용한다. 추울 때는 고속터미널 지하상가에 간다. 한쪽 끝에서 반대쪽까지 걸으면 거의 1시간이 걸리는데, 내 나름의 아지트다. 종일 앉아있다 보니 돌아다니면서 걷는 것이 좋다. 정적인 일을 하는 사람은 동적인 활동을, 육체를 사용하는 사람이나 살림하는 주부의 경우는 차분히 앉아서 차를 마신다든지 그림을 그리는 것이 좋다.

마음의 근육을 키우기 위해서는 근력을 키워야 한다. 근력은 근육이 한 번에 최대로 낼 수 있는 힘이다. 보통 근력이라고 하면 덤벨을 들고 운동하는 모습을 떠올린다. 마음의 근력은 '좋은 생각, 즉 긍정적인 생각'을 통해 키울 수 있다.

우리가 멍하게 있을 때 98퍼센트는 부정적인 생각을 한다. 쓸데없는 걱정과 후회를 한다. 억지로 덤벨을 들듯이 긍정적인 생각에 힘쓰지 않으면 저절로 되지 않는다. 의도적으로 좋은 생각을 반복적으로 떠올려야 한다. 잠들기 전에 오늘 있었던 일 중 감사한 일을 생각하라. 이것이 모이면 마음의 근력이 된다.

마음의 근육을 키우기 위해서는 유연성도 필요하다. 유연성은 '입장 바꿔 생각하기'다. 가끔 SNS를 보면 50대 남성들이 "아내의 젖은 손이 애처로워…"라고 쓴 글이 눈에 띈다. 그러나 아내의 마음을 이해하기에는 아직 멀었다는 생각이 든다. 아내가 집을 나가거나 아플 때에야 비로소 온몸으로 느낀다. 역지사지(易地思之)가 그만큼 어렵다.

정말로 상대의 입장이 되어보기 전에는 알 수 없다. 이혼한 사람들이 말한다. 이혼 전에는 주변에 이혼한 사람이 보이지도 않았는데 본인이 하고 보니 보인다고. 이혼이 이렇게 힘든 것인지 몰랐다고. 이혼한 지인의 손 한번 잡아주고, 밥 한번 사줄 걸 하는 생각이 든다고. 형제끼리도 마찬가지다. 내가 어려움에 처해봐야 형제의 어려움을 알게 된다.

: 생각의 예방주사 맞기

이미 말이 터져 나와 상처가 몸에 박혔는데 '상처 안 받아야지' 한다고 될까? 그러니 평소에 예방주사를 맞아야 한다. 예방주사는 두 가지다.

하나는 완벽주의를 버리는 것이다. 100퍼센트 잘하려고 해도 욕은 먹게 돼있다. 그러니 80퍼센트만 하자. 나 역시 야간진료로 늦게까지 일하고 강연을 준비하려면 굉장히 피곤하다. '완벽하게 준비해야지' 마음먹지만 100퍼센트 준비해도 막상 다 전하지 못한다. 그래서 80퍼센트만 하자고 다짐한다.

또 하나는 모두에게 인정받을 수 없음을 받아들이는 것이다. 내 말을 못 알아듣는 사람도 있고, 나를 사랑하지 않는 사람도 있다. 그런데 우리는 모든 사람이 내 마음을 알아주고 이해해주기를 바란다.

나는 강연을 할 때도 마찬가지로 생각한다. 청중이 모두 눈을 초롱초롱 뜨고 들어줄 거라고 기대하지 않는다. 반은 자고, 반은 듣는다고 생각해야 상처받지 않는다. 어떤 강연자는 대놓고 졸지 말라고, 휴대폰 보지 말라고 한다. 하지만 대부분의 경우 50퍼센트만 잘 들어도 괜찮은 강연이다. 이런 것들이 예방주사다.

: 조건화 연습하기

많은 사람들이 아침에 회사나 집에서 거의 자동으로 하는 일이 있다. 바로 '커피 마시기'이다. 이처럼 누구나 조건화시켜 놓은 일이 있다. 커피를 마실 때마다 도움이 되는 유익한 생각을 해보자.

'하나님, 아침 커피 향이 정말 좋네요. 저도 커피 향처럼 옆 사람에게 힘이 되는 말 한마디를 하게 해주세요.'

그런데 우리는 좋은 것은 조건화시키지 않는다. 지금까지 스마트폰으로 언짢은 뉴스를 보고 잠들었다면 앞으로는 하루 동안 감사한 일이나 최근 경험한 행복하고 좋았던 경험을 생각하면서 잠들어보자.

나도 조건화를 실천에 옮긴다. 출근하려면 3층까지 계단을 올라가야 한다. 그래서 계단을 오르고, 병원 문턱을 넘을 때마다 이 기도를 조건화한다.

'오늘 환자를 잘 보게 해주세요. 그들이 좋아지게 해주세요. 제 에너지가 떨어지지 않게 해주세요.'

이렇게 기도하고 나면 병원의 자동문이 열릴 때 '아, 피곤해. 오늘도 힘들겠구나'라는 생각이 사라지고, 대기하는 환자들이 진심으로 반갑고 고맙게 다가온다. 또한 진료 준비를 하는 직원들도 안쓰럽게 느껴진다. 20대면 아직 어린데 밥도 제대로 못 먹고 늦잠도 못 자고 출근해서 청소하는 그들에게 고마움을 느낀다.

무엇을 위해 잘해주었는가?

상처받지 않고 자신을 사랑하기 위해서는 마음의 근육을 키우고, 예방주사를 맞으며, 좋은 생각을 해야 한다. 우리 병원에서는 이를 토대로 자존감 파티를 한다.

이것은 치료가 끝난 사람들이 정기적으로 모이는 일종의 졸업자 모임(reunion)이다. 고아처럼 내버려두지 말라는 성경 말씀에서 생각해냈다(요 14:18 참조). 상태가 좋아져서 더 이상 병원에 안 나와도 되니 축하하며 파티로 진행한다. 그리고 병이 생기지 않으려면 자존감이 높아져야 된다고 생각해서 모임 이름을 '자존감 파티'라고 지었다.

자기를 사랑하는 법은 늘 되새겨야 한다. 누구도 자신을 사랑하는 법을 배우지 못했다. 그래서 자존감이라는 한 가지 주제를 두고 많은 사람들이 모여서 이야기를 나눈다.

한번은 어느 정신과 의사가 이 모임을 구경하러 왔다. 대개 정신과 모임은 익명성 때문에 촬영을 금지시킨다. 정신과에 다니는 것을 다른 사람이 알면 안 되기 때문이다. 그런데 이 모임의 참석자들은 V자를 하며 셀피를 찍어 인스타그램이나 페이스북에 올리곤 한다. 그 자체가 다른 정신과 의사가 보기에는 놀라운 일이었다. 모두 정신과에 다녔던 것, 다니는 것을 창피해하지 않는다.

'나 이렇게 노력을 많이 해. 정신과에 안 다니는 너희들이 더 이상한 건지도 몰라. 길거리에 걸어 다니는 사람 중에 환자가 더 많아. 나는 내 문제를 알고 도움 받고 있어.'

나는 힘닿는 대로 이 모임을 계속 무료로 진행할 생각이다. 석 달에 한 번, 병원이 아닌 카페를 빌려 진행하는데, 우리 직원들이 더 좋아한다. 비전을 함께하며 돕는 사람들이 있기에 이 일이 가능하다.

언젠가 자존감 파티에 '마카롱'을 만들어 온 분이 있었다. 그때 마카롱을 나누는 것이 특별한 의미가 있다는 생각이 들었다. 그것은 여러 가지 아름다운 색깔들로 만들어진다. 하지만 특정 색깔이 더 맛있고 잘난 것은 아니다.

자존감도 마찬가지다. 저마다 다를 뿐이다. 마카롱을 나누는 이유 중의 하나는 고가이기 때문이다. 작은 쿠키 하나가 3천 원에서 비싸면 5천 원까지 한다. 맛도 훌륭해서 다른 과자가 흉내 낼 수 없다. 나는 그 점에서 힌트를 얻었다. 마카롱이야말로 자존감을 대변한다고.

예수님도 이념만으로 계시지 않고 2천 년 전에 성육신하셨다. 우리가 떡을 떼고 포도주를 마시는 성찬식 역시 형상화한 것이다. 이처럼 모든 것은 실천이 필요하다.

"지금껏 한없이 친절했던 당신이 조금 변했다고 외면할 사람이라면 떠날 사람이다."

이것은 《혼자 잘해주고 상처받지 마라》 중 가장 많이 인용된 구절이다. 모든 사람과 인연을 끊으라는 말이 아니다. 더 이상 사람들에게 잘해주지 말라는 소리도 아니다.

잘해주는 이유가 나를 위해서가 아니라 남을 위해서여야 한다.

누군가에게 잘해주고 나서 반복적으로 상처받는다면 스스로에게
질문해보아야 한다. 무엇을 위해서 잘해주었는지를.

진심으로 그를 위해서 잘해주었다면 대가를 바라지 않는다. 하
지만 사람은 본능적으로 자기중심적이기에 뭔가를 바라면서 잘해
주게 되고 그러면 상처받기 쉽다. 만약 그러지 않았다면 그 상처
는 내 잘못이 아니라 상대의 잘못으로 생긴 것이다.

우리가 주님의 모습을 좀 더 닮은 성숙한 인격이 되어간다면
"혼자 잘해주고 상처받지 마라"라는 책 제목을 "상처받더라도 끝
까지 잘해주라"라고 바꾸어야 하지 않을까 생각해본다. 우리 모
두 교회 안의 관계, 직장에서의 경쟁, 가족간의 갈등으로 상처받더
라도 말씀의 묵상과 기도, 마음의 훈련을 통해 자신뿐만 아니라
내게 상처를 주는 그들도 더욱 사랑할 수 있게 되기를 바란다.

진심으로 그를 위해서 잘해주었다면
대가를 바라지 않는다.
하지만 사람은 본능적으로 자기중심적이기에
뭔가를 바라면서 잘해주게 되고
그러면 상처받기 쉽다.
만약 그러지 않았다면
그 상처는 내 잘못이 아니라
상대의 잘못으로 생긴 것이다.

chapter 4

상한 자존감의
회복

자신에 대한 신뢰감을 좀 더 쌓는다면 자존감이 약간 낮더라도 살 만하다는 뜻이다. 자존감이 낮은 자신을 탓하지 말고, 인생을 넓게 보는 안목을 가지라고 권하고 싶다.

서로 상처 주고받기

우리는 종종 "나 상처받았어"라고 한다. 이 말을 입에 달고 다니는 사람도 있다. 나는 "상처받지 말라"라고 말하고 싶다. 어떻게 상처를 안 받을 수 있는가?

대부분의 상처는 가장 가까운 사람에게 받는다. 길거리에서 우연히 만나는 사람에게 상처받는 경우는 거의 없다. 지속적인 만남 가운데 상처받는다. 병원에 오는 사람은 대개 상처받은 이들이다. 알코올중독자의 아내나 자녀처럼 피해자가 병원에 올 수밖에 없다. 그런데 가해자는 자기가 무엇을 잘못했는지 모르고, 치료를 받아야 한다는 인식도 없다.

또한 기대를 많이 하면 상처를 받는다. 여러 관찰 결과, 상처를 가장 많이 주는 존재는 '부모'다. 일부러 자녀에게 상처를 줄 작정으로 애를 낳는 부모는 없을 것이다. 다만 부모도 완벽하지 않은 존재다 보니, 자신의 치유되지 않은 상처가 자녀에게 전달되는 경우가 많다.

네 아버지와 어머니를 공경하라 엡 6:2

어느 날 큐티를 하다가 이 말씀이 눈에 들어왔다. 그런데 뒤이어 나온 말씀이 더 놀라웠다.

너희 자녀를 노엽게 하지 말고 엡 6:4

우리는 항상 자녀들에게 부모를 공경하라고, 어른을 존중하고 존경해야 한다고 가르친다. 이는 유교나 불교, 기독교를 막론하고 널리 퍼져있는 도덕기준이다. 그러나 "너희 자녀를 노엽게 하지 말라"라는 말씀은 별로 강조하지 않았다. 사실 부모인 우리가 자녀를 얼마나 많이 노하게 하는지 모른다.

"넌 이것도 못하니? 이걸 성적이라고 갖고 왔어? 너는 진짜 제대로 하는 게 없구나!"

"누구는 명문대에 갔다더라."

"우리 집에는 언제 애기 울음소리가 들리나…."

또 자녀를 위한답시고 하는 말은 얼마나 많은가.

"너는 이런저런 학원을 다니고, 이렇게 저렇게 공부해서 의사가

돼야 해.”

아이를 과학고에 보내려고 초등학교 때부터 준비시킨다. 그러나 초등학교 때부터 공부에 큰 스트레스를 받으며 자란 아이들은 중·고등학교 때 힘든 시기를 보내는 경우가 많다.

자아가 어릴 때는 엄마의 말을 꼬박꼬박 듣지만 사춘기부터는 부모의 말이 더 이상 통하지 않는다. 부모는 자녀가 말을 안 듣는다고 하지만 아이는 정상이다. 아이는 부모의 로봇이 아니기 때문이다.

요즘은 초등학교 2학년에 사춘기가 시작되는 아이도 있다. 스마트폰, 태블릿, 컴퓨터를 너무 잘 다루다 보니 아이들의 지식과 정보가 부모를 능가한다. 그래서 엄마를 무시한다. 그렇게 상처를 받아 우울증에 걸린 엄마가 상담하러 온다.

그런 엄마의 상처 이면에는 학벌이 좋지 않거나 어렸을 때 무시당한 경험이 있는 경우가 많다. 혹은 남편과 사이가 좋지 않을 때 자녀의 무시가 더 큰 상처가 되기도 한다.

요즘 아이들은 외형적인 변화도 굉장히 빠르다. TV 화면에서 연예인들의 외적인 부분만 부각되다 보니 그렇다.

“엄마는 학교에 오지 마! 뚱뚱해서 창피해!”

자녀에게 이런 말을 듣고 죽고 싶다며 병원에 찾아온 엄마도 있었다. 남편이 살을 빼라고 할 때는 전혀 신경 쓰이지 않았는데, 초등학생 아들의 말에 큰 충격을 받았다. 이렇게 부모와 자식은 서로 상처를 주고받는다. 어떻게 보면 당연하다.

혼자만의 웅크린 시간이 필요하다

요즘 며느리도 무서워졌다. 시어머니 말에 무조건 따르고 인내하던 예전과 달리 대들거나, 하고 싶은 말을 다 하며 싸운다. 전화 통화는 직접 얼굴을 보고 말하는 것이 아니니 부담 없이 할 말을 다 한다. 마치 며느리가 시어머니에게 스트레스를 푸는 것만 같다.

물론 반대의 경우도 많다. 요즘에는 50대 젊은 시어머니가 많은데, 이 시기는 갱년기의 시작이다. 아들이 며느리를 데리고 오면, 어머니는 애지중지 키운 아들을 갑자기 나타난 예쁜 여자가 빼앗아 가는 느낌을 받는다. 이것이 자연의 섭리이다.

그런 마음이 누그러지려면 세월이 필요하다. 며느리도 자식을 키워보면 시어머니의 마음을 이해할 수 있을 것이다. 그 전에는 피 튀는 갈등이 있을 수밖에 없다. 한 명의 남자를 두고 양쪽에서 잡아당기는 형국이니 말이다.

나는 며느리와 시어머니, 친정엄마와 딸 사이에 갈등이 생기면 '브레이크 타임'(break time)을 가지라고 권한다. 당장 만나서 맞서 싸우지 말고 혼자 웅크린 시간이 필요하다.

특히 엄마와 딸 사이에 갈등이 생길 경우 더 크게 상처받는다. 며느리와 시어머니는 남이다 보니 말할 것도 없다. 서로 어느 정도 적당한 거리를 두고 예의를 지키는 것이 필요하다. 정답은 아니지만 여러 사례를 보면 좋은 효과를 거둔다.

나는 결혼을 준비하는 여성들이나 갓 결혼한 새댁에게 시어머니를 '새로운 상사'로 생각하라고 말해준다. 회사에 룰(규칙)이 있는 것처럼 '시월드'에도 룰이 있다. 그런데 요즘 친정엄마는 딸에게 이렇게 말한다.

"애! 요즘이 어떤 세상인데, 내가 널 어떻게 키웠는데, 도대체 너희 시집은 왜 그러니? 너도 하고 싶은 말 다 하고 살아."

딸에게 참으라는 말은 거의 하지 않는다. 또 며느리와 시어머니 사이에 갈등이 있을 때 주변의 훈수도 문제가 된다. 그 중 하나가 결혼하지 않은 친구들의 말이다.

갈등이 생기거나 문제가 있을 때 우리는 가까운 사람에게 털어놓는다. 가족이나 친지들에게 상담을 하는데 그들은 자기 사고 안에서 얘기할 뿐임을 알아야 한다. 만약 그 조언을 철석같이 믿고 행했다가는 봉변당하기 쉽다.

나는 상처받고 교회를 떠나려는 사람들도 많이 상담했다. 처음에 상담이 미숙했을 때는 그들을 다시 교회로 가게 하려는 마음이 컸다. 그래서 더 기도하고 열심히 다니라고 했다. 그런데 이런 생각이 들었다.

'이 사람은 지금 앗, 뜨거워!라고 하는데 교회로 가면 더 뜨거울 것이 아닌가?'

상처를 받았던 곳으로 다시 가면 아는 사람, 상처를 준 사람을 다시 만날 수 있다. 똑같은 상황에 다시 놓인다. 교회를 다니지 말라는 이야기가 아니다. 만남을 자제하라는 것이다.

"저것 봐! 저렇게 불신앙이니까 이런 일에 상처받고 저 모양이지"라는 비난으로 상처받은 사람을 더 힘들게 할 필요는 없다. 그래서 나는 잠시 내려놓으라고 말한다. 기본 신앙을 가진 사람은 곧 다시 신앙을 회복한다. 사람을 보고 교회에 다니는 것이 아니기 때문이다.

이처럼 모든 갈등 상황에서 떨어져 나와 웅크린 시간이 누구에게나 필요하다. 특히 연애하다가 헤어진 사람에게도 웅크린 시간을 꼭 가지라고 말한다.

상대의 잘못된 생각을 마음에 품지 말고 튕겨내라

모건 프리먼(Morgan Freeman)이라는 유명한 흑인 배우가 있다. 어떤 사람이 그를 "니그로"(Negro)라고 불렀다. '검둥이'라고 부르며 멸시한 것이다. 괜찮냐는 질문에 그가 대답했다.

"나는 괜찮다. 저 사람의 잘못이지, 내 잘못이 아니다."

인종차별적인 발언을 하는 사람의 인격이 문제이지, 흑인으로 태어난 자기 인격이 문제가 아니라는 말이다. 그는 상처받지 않았다. 만약 어떤 사람이 학벌이 좋지 않아 멸시를 당했다 치자. 그가 그 말을 자기 것으로 품는 순간, 상처가 된다.

나는 그럴 때 상대의 말을 튕기라고 말해준다. '학벌로 나를 평가한 저 사람의 잘못이다'라고 튕겨내는 것이다. 요즘은 아주 좋은 대학을 나온 사람들이 오히려 취업이 안 된다는 얘기가 있다.

1등을 잘 안 뽑는다고 한다. '얼마나 이기적일까?' 싶기도 하고 다른 사람과 융합하지 못하기 때문이란다(물론 모든 1등이 그렇지는 않겠지만).

진정한 스펙은 자존감이다. 타인이 멋대로 찍은 낙인에 인생을 내주지 않을 만큼 자신에 대한 믿음이 확고하기 때문이다.

모건 프리먼은 "너는 검둥이다!"라는 낙인에 자신의 인생을 내주지 않을 만큼 확고한 믿음이 있었다. '나는 지금껏 잘 살아왔고, 지금은 맡은 일을 열심히 해서 인정받고 있어'라는 확신이 그의 안에 있었기 때문에 가능했다.

20대는 외모에 가장 예민한 시기다. 그래서 여대생의 20퍼센트가 폭식증을 경험한다. 그만큼 다이어트 강박이 이루 말할 수가 없다. 우리나라의 통통한 여자들은 미국에 가면 모두 날씬한 축에 속한다. 그런데 살찌는 것을 죽기보다 싫어한다. 심지어 살찌면 학교에 안 간다. 친구들은 다 날씬한데 자기만 뚱뚱하다고.

이는 자신에 대한 확고한 믿음이 없기 때문이다. 3~5킬로그램은 금세 쪘다 빠졌다 한다. 뷔페에 다녀오면 2킬로그램이 금방 느는 것처럼 말이다. 그런데 그들은 몸무게의 작은 요동을 용납하지 못한다. 다이어트만 생각하느라 인생의 낙이 없다. 무조건 날씬해야 한다.

내가 좋아하고 잘하는 것은 아무 소용이 없다. 일단 팔다리가 가늘어야 한다. 나는 그런 이들에게 이렇게 말한다.

"네 다리의 기능은 뭐니? 다리의 기능은 걷는 거야."

그런데 다이어트로 고민하는 여자가 생각하는 다리의 기능은 짧은 반바지를 입는 데 있다. 그래서 자기 다리에 대한 감사함이 없다.

남자들은 정규직과 비정규직으로 인생이 나뉜다. 사실 비정규직이라고 써 붙이고 다니는 것이 아니기 때문에 남들은 잘 모른다. 이런 상담을 하러 온 남자에게 물었다.

"왜 비정규직이 되셨어요?"

"회사에서 비정규직만 뽑았어요."

"그 회사가 잘못한 거네요. 그럼 경력을 쌓아서 다른 회사의 정규직이 될 수 있나요?"

그는 될 수 있다고 답했다. 그래서 열심히 배우라고 말해줬다. 비정규직이라고, 흙수저라고 한숨만 쉬지 말고 열심히 배우고 잘할 수 있는 것을 찾으라고. 사람은 누구나 한 가지는 잘하는 것이 있기 때문이다.

남이 정해놓은 원칙에 압도당하지 말라

한 가지 예를 들어보겠다. A는 해외로 유학을 가서 영어공부를 열심히 했다. 그런데 회사에서 요구하는 만점에 가까운 토익 점수에는 이르지 못했다. 그에게 친구가 말한다.

"너는 호주까지 갔다 왔다면서 토익 점수가 겨우 그거야?"

그러면 그는 '나는 유학생활도 헛되게 했구나. 헛살았다'라며 좌절한다. 이것을 '부정화 사고'라고 한다. 모든 것을 제로베이스 (zero-base)로 만들어버린다. 그동안 했던 일들이 아무것도 아닌 것처럼 되어버린다.

B는 1년간 결혼생활을 한 후에 이혼을 하고 친정에 돌아왔다. 그런데 부모님은 딸이 이혼했다는 소문이 날까 봐 택배가 와도 받으러 나가지 못하게 했다. 그러면 그동안 딸이 살아온 시간이 전부 다 취소된다. 그냥 창피한 사람이 돼버린다.

'절대 이혼하면 안 된다. 이혼한 인생은 실패한 인생이다.'

이것은 남이 정해놓은 원칙이다. 요새 인식이 많이 바뀌었다고 하지만 실제 이혼한 사람의 말을 들어보면 그렇지도 않다. 이혼을 최대한 막아야 하겠지만 그런 노력을 충분히 기울이지 못하는 가정들이 있어 매우 안타깝다.

그런데 정신과 의사가 보기에도 이혼해야 될 가정이 있다. 나 역시 처음 상담할 때는 절대 이혼하면 안 된다고 했다. 그런데 그 말마저도 올무가 된다는 것을 깨달았다. 당사자들은 오죽하면 이혼하겠는가.

우리나라 국민들이 갖고 있는 정서 중 하나는 '모 아니면 도'의 심리다. 내가 잘한 것만 취하고, 나머지는 백지화시킨다. 이것은 우울증 심리 중의 하나로, 그 영향력이 엄청나다.

누군가 계속되는 갑질을 멈추지 않는다면 내가 침묵하기 때문일 수 있다. 목소리가 큰 사람이 이기는 사회다. 그러니 무조건 따

지라는 말이 아니다. 필요할 때 적절하게 자기 욕구나 의사표현
을 하지 않으면 부당한 대우를 당할 수 있다는 말이다.

예를 들어 회사에서 과업(課業)을 준다고 치자. 일을 잘하면 계
속 업무를 주고, 상사가 자기 일까지 맡긴다. 그러면 주말까지 회
사에 나가 일을 한다. 실제로 그렇게 하는 사람에게 내가 물었다.

"상사에게 일이 너무 많아서 주말까지 나와 일한다고 말한 적이
있나요?"

"상사가 일을 준 건데요. 너밖에 없다면서."

침묵과 희생만이 선은 아니다. 우리 어머니 세대도 마찬가지였
다. 참고 희생하는 것이 엄마라고 생각했다. 특히 기독교인들은
'자기 십자가를 져야 한다', '참는 것이 미덕이다'라는 생각을 많이
한다. 그래서 조금만 이기적이면 손가락질을 한다.

그런데 내가 나를 대변할 수 있어야 한다. 내 일이 많다면 남
탓을 하지 말고, 주말까지 회사에 나가서 일을 해야 하는 상황에
대한 좋은 해결책을 생각해보고 적극적으로 표현해야 한다. 공부
에 짓눌려 있는 학생이라면 이렇게 말할 수 있어야 한다.

"엄마, 나 과외가 많아서 힘들어요. 조금 줄이면 좋겠어요."

그런데 우리 안에는 불편을 피하려는 습관이 있다. 교회 안에서
도 마찬가지다. 속으로는 다른 생각을 하면서도 불편을 피하려고
만 한다. 현명한 사람은 화병에 걸리기 전에 자기 이야기를 하는
사람이다. 우리는 자신을 보호하고 사랑할 의무가 있다. 자기애
가 꼭 나쁜 것만은 아니다. 우리는 자신을 사랑하면 남을 무시하

고 이기적이라고 생각한다. 그러나 자기를 사랑할 수 있는 사람이 다른 사람도 사랑할 수 있다. 봉사를 많이 하는 사람의 심리를 검사해보면 자기애가 높게 나온다.

특히 자기의 정신과 육체의 건강에 신경 써야 한다. 건강은 온전히 자신에게 달려있다. "시어머니 때문에 화병에 걸려 수명이 짧아질 것 같다", "너 때문에 내가 암에 걸렸다"라고 말하는 사람이 있다. 하지만 아니다. 자신을 사랑하고 노력하고 견디다 보면 분명히 좋은 날이 온다.

참고 견디는 것도 때로 필요하다. 이럴 때는 아무것도 하지 말고 그저 일상을 버티기만 하라. 이것도 무언가를 하는 것이다. 그러면 분명히 좋은 날이 온다.

건강하지 못한 자존감

건강하지 못한 자존감은 어떤 것이 있는가? 데이트를 할 때 자기 의견 말하기를 두려워하고, 나쁜 남자를 찾는 연애패턴이 반복되는 사람이 있다. 나보다 잘나가는 사람에게 질투와 시기를 유독 심하게 느끼는 사람도 여기에 해당된다.

또한 자존감이 건강하지 않으면 잘못을 모두 자기 탓으로 여긴다. 지나친 겸손도 건강하지 못한 자존감이다. 자기를 늘 과소평가하는 변호사를 상담한 적이 있다. 그는 엄마가 어떤 옷을 입고 나가지 말라고 하면 주눅이 들어서 옷을 몇 번씩 갈아입었다.

반대로 자신을 과대평가하는 경우도 있다. 뭐든지 잘하려들고, 다른 사람의 기대에 부응할 수 있다고 본다. 그래서 부모의 바람대로 직업을 선택하기도 한다. 회사를 비울 때마다 불안해하는 성공한 사업가, 실수를 인정하지 못하는 독불장군이 이에 해당한다.

또한 낯선 것에 대한 두려움으로 도전을 하지 못하는 경우도 있다. 창의적이기보다는 늘 하던 대로 한다. 이 모두를 '낮은 자존감'이라기보다 '건강하지 못한 자존감'이라 표현하고 싶다.

《자존감이라는 독》에 "건강한 자존감은 자신의 가치뿐만 아니라 타인의 가치도 인정한다"라는 말이 있다. 자존감이 높은 사람은 잘난 척하지 않는다. 오히려 잘난 척하는 사람은 자존감이 낮은 사람인 경우가 많다. 허세를 부려야 하기 때문이다.

명품을 휘감고 다니는 사람도 사실은 자존감이 낮을 가능성이 높다. 나를 내세우고 싶어 하는 사람일수록 그렇다. 낮은 자존감이나 건강하지 못한 자존감을 좋게 만들 필요가 있지만 사실 억지로 할 수 있는 일이 아니다. 그러다 역효과가 날 수도 있기 때문이다.

그러면 어떻게 해야 건강한 자존감을 추구할 수 있는가? 실제로 자존감이 낮은 사람들은 서로를 안쓰럽게 여기고 끼워주기도 한다. 비슷한 사람들끼리 응집이 잘되기 때문이다. 그래서 오히려 다른 사람과 잘 지낼 수 있다.

자신에 대한 신뢰감을 좀 더 쌓는다면 자존감이 약간 낮더라도 살 만하다는 뜻이다. 자존감이 낮은 자신을 탓하지 말고, 인생을 넓게 보는 안목을 가지라고 권하고 싶다.

어떤 기독교인들은 자기 비난과 열등감이 우리를 겸손하게 만드는 태도이며, 교만으로부터 우리를 지킨다고 생각한다. 그러나 참된 겸손은 자기 비하에 있지 않고 남에 대한 평가를 높이는 데 있다.

겸손한 사람은 "저는 아무것도 몰라요. 제가 얼마나 부족한데요. 부족하지만 제가…"라고 말하지 않는다. 그는 자신의 존재와 소유가 하나님께로부터 왔음을 인정한다. 다른 사람들을 향한 그분의 관대하심을 존중하며 함께 기뻐한다. 그래서 시기심이나 질투는 찾아볼 수 없다.

겸손의 모델은 예수님이 직접 제자들의 발을 씻기는 장면에서 최고점에 달한다(요 13:1-10). 어떻게 예수님이 자기 발을 씻길 수 있냐며 극구 사양하던 베드로는 이런 핀잔을 듣는다.

"그렇다면 너는 나와 상관이 없다."

예수님은 제자들이 생각하던 메시아의 모습으로 그들 앞에서 추앙을 받지 않으셨다. 그분은 왕 노릇 하기보다는 오히려 자기를 비워 종의 형체를 가져 사람들과 같이 되셨다(빌 2:7 참조). 그분의 자발적인 낮아짐으로 우리의 신분이 높아졌다.

겸손은 자신의 부족함, 죄, 실패를 인정하고 더불어 하나님의 은사, 능력, 자신의 업적을 인정하는 긍정적 자존감에서 비롯된다고 할 수 있다.

사소한 일로 상처를 덜 받고 싶다면

: 모두 같은 마음과 입장이 아님을 알라

내가 상대방에게 늘 최선을 다한다고 해서 그들도 내게 잘해주지 않는다. 사람은 이기적이기도 하지만 모두가 같은 마음일 수 없다. 사장과 종업원, 상사와 부하 직원, 엄마와 자식, 시어머니와 며느리는 같은 입장일 수 없다.

: 자신의 욕구를 솔직하게 표현하라

대가를 바라지 말아야 한다. 시어머니에게 늘 김치를 해드리는 내담자가 있었다. 어느 날은 김치를 담가드렸더니 게장도 담가오라고 하셨단다. 하지만 그녀는 허리를 다쳐서 게장을 담글 상황이 아니었다.

그래서 나는 그녀에게 "나중에 불평하지 말고, 이번에는 게장을 사가세요"라고 권했다. 그랬더니 시어머니가 사간 게장의 맛을 안다며 고민하기에 이렇게 말해보라고 제안했다.

"어머니, 제가 명품 게장을 사왔어요. 이번만 이것을 드세요."

남의 눈치 보지 말고 자기 욕구를 솔직하게 얘기할 수 있어야 한다. 병이 난 후에 남 탓하지 말고 자신을 챙겨라. 각자의 짐은 각자가 져야 한다.

: 기대가 없으면 상처도 없다

인생은 혼자이니 바랄 것도 없고 기댈 것도 없다는 뜻이 아니다. 사람은 큰 잘못이나 비난을 마주했을 때 상처받는 것이 아니라 내 편이라고 생각했던 사람, 나를 챙겨줄 거라고 생각했던 사람의 사소한 실수에 상처를 받는다.

내담자 중에 워킹맘이 있었다. 그녀는 신입 직원을 열심히 가르치고 챙겨주었다. 어느 날, 그녀는 아이가 아파서 응급실에 다녀오느라 늦게 출근했다. 그런데 그 부하 직원이 "애기는 괜찮아요?"라고 묻지도 않고 가버리자 마음이 상했다.

정말 성심껏 가르쳐주고 아꼈건만 어떻게 아이의 안부 한마디를 안 묻느냐는 것이었다. 그 직원을 볼 때마다 화가 나서 회사에 다닐 수가 없다고 했다. 그래서 내가 물었다.

"그 직원은 결혼을 했나요?"

부하 직원은 엄마가 애를 들쳐 업고 병원에 가는 게 얼마나 힘든지 상상도 못 한다. 회사에 들어온 지 얼마 안 되어 일도 파악이 잘 안 되고, 상사에게 그런 말을 해야 되는지도 모른다. 사실 그런 말을 할 줄 알면 상사다. 그녀는 내 말을 듣고 화가 누그러졌다. 그 부하 직원을 볼 자신이 생겼다고 했다.

조금은 이기적이어도 괜찮다. 인연을 전부 끊으라는 말이 아니다. 누군가에게 최선을 다했는데 반복해서 돌아오는 것이 상처뿐일 때를 말하는 것이다.

나는 내담자들에게 인간관계 서클을 만들어보라고 제안한다.

내가 투자해야 될 사람, 즉 관계가 흩어져도 시간을 투자하고 에너지를 투자하며 정성을 쏟아야 될 사람이다. 그런가 하면 어느 정도 거리를 두고 지내야 되는 사람도 있다. 그것이 인간관계에서 사소한 일에 상처받지 않는 방법이다.

모든 사람이 다 내 마음을 이해해줄 것이라고 생각하면 안 된다. 가장 힘든 것이 인간관계다. 돈은 벌면 되고, 건강은 챙기면 되지만 사람은 마음대로 되지 않는다. 사소한 일에 상처받지 않는 것이 인간관계의 핵심임을 꼭 기억하자.

겸손한 사람은
"저는 아무것도 몰라요. 제가 얼마나 부족한데요.
부족하지만 제가…"라고 말하지 않는다.
그는 자신의 존재와 소유가
하나님께로부터 왔음을 인정한다.
다른 사람들을 향한 그분의 관대하심을
존중하며 함께 기뻐한다.
그래서 시기심이나 질투는 찾아볼 수 없다.

Q

누군가에게 상처를 받아서
관계를 끊으려고 했는데,
오히려 상대가 제 탓을 하더군요.
그러다 보니 마음의 상처가 더욱 커지고
죄책감에 빠집니다.
제 생각이 잘못된 걸까요?

A

상대에게 맞춰진 관심의 초점을
내 감정을 돌보는 쪽으로 돌리세요.

다른 사람을 배려하고
관계를 이어가려고 애쓰는 마음은
칭찬받아 마땅해요.

하지만 가끔은 상대의 기대를 외면해도 괜찮습니다.
때로는 욕을 먹을 수도 있지만요.

상대가 원하지 않는 배려를 베풀고,
그의 친절한 반응을 기대하지 마세요.

그런 관계에 의존하고
집착하지 않아도 됩니다.

상대의 눈치를 보면서 상대의 기분에 휘둘린다면
그 관계는 계속 같은 패턴으로 흐를 거예요.

상대에게 맞춰진 관심의 초점을
내 감정을 돌보는 쪽으로 되돌리기만 해도
상황에 휘둘리지 않는 관계 맺기가
조금 더 수월해집니다.

상처받지
않고
끝까지
사랑하기

PART

2

나를 돌아보라는 사인을
무시하지 마라

chapter 5

짜증이 나거나 욱한다면
: 분노조절

화가 났을 때 가장 먼저 자신에게 물어보라.
'지금 화내는 이유가 정당한가? 불공평한 대우를 받았는가? 누구라도 화가 날 만한 상황이었나?'

크리스천이 화를 내도 될까?

　화가 나는 상황에서 화를 안 내기는 힘들다. 횡단보도 앞에 서 있는데 누군가 다짜고짜 따귀를 때렸다고 치자. 화가 나는 게 정상이다. 보호본능이 있기 때문이다. 나를 보호하기 위해서, 내 영역을 보호하기 위해서다.

　누군가 나를 건드리거나 상처를 주면 본능적으로 화가 난다. 분노라는 것은 부당함에 대한 조건반사이다. 그러므로 크리스천도 화를 억누르는 것이 아니라 지혜롭게 표현할 수 있어야 한다. 화를 낼 때 문제가 되는 건 화의 주관적 해석이다.

　'나를 무시하나?'

　'나를 우습게 여기나?'

　이런 감정이 포함되면 화가 증폭된다. 우리나라뿐만 아니라 전

세계적으로 교통체증은 짜증날 정도다. 그 중에서도 보복운전은 정말 무섭다. 나도 보복운전을 당해봤다. 차선을 바꿨을 뿐인데 뒤차가 내 차 앞으로 갑자기 끼어들더니 경적을 울리며 계속 따라왔다. 신변의 위협을 느낄 정도였다.

마음이 단단하고 덜 예민하면 상처도 덜 받는다. 주변의 누군가가 화를 잘 낸다면 '상처를 잘 받는 사람이구나'라고 생각하고 불쌍히 여기라.

성경을 보면 예수님도 화를 내셨다. 성전에서 장사하는 사람들을 보고 물건들을 던지며 분노를 표현하셨다(요 2:13-17 참조). '아니, 예수님이 어떻게 이런 행동을 하실 수 있을까?'라고 생각할 정도다. 예수님도 인간과 똑같이 풍부한 감정을 가지고 계셨다. 맹인을 보고 불쌍히 여기셨고, 죽은 나사로의 무덤 앞에서 눈물을 흘리셨다.

화를 낸 후에 '아, 나는 정말 부족한 인간이야. 또 화를 내다니…. 누가 보면 뭐라고 하겠어?'라고 무조건 자신을 탓하지 말라. 물론 화를 자주 낸다면 그 이유를 꼭 살펴보아야 한다. 하지만 예수님도 화를 내셨다는 사실을 기억하자.

용서할 수 없고, 인정할 수 없고, 납득할 수도 없는 상황이 누구에게나 찾아온다. 화가 났을 때 가장 먼저 자신에게 물어보라.

'지금 화내는 이유가 정당한가? 불공평한 대우를 받았는가? 누구라도 화가 날 만한 상황이었나?'

그런데 묻고 생각할 여유도 없이 욱할 때는 어떻게 하면 좋을까? 나는 그럴 때 자리를 피하라고 권한다. 3초 안에 그 자리를 피하라고.

우리 병원에는 7세, 9세 아이를 키우는 엄마들이 많이 찾아온다. 평상시에는 아이들이 예쁜 짓을 많이 한다. 그러나 잠깐이다. 대부분의 아이들이 로봇이 아니다 보니 엄마가 원하는 대로 움직이지 않는다. 밥 먹고 씻으라고 하면 자꾸 딴짓을 한다. 엄마의 속이 부글부글 끓는다. 그러면 별것도 아닌 일에 쉽게 폭발한다. 그럴 때는 자리를 피하여 자신을 돌아보라.

'내가 피곤한가? 화내는 이유는 정당한가? 다른 엄마들도 이렇게 화를 내나? 아이가 그만큼 잘못한 것인가?'

하지만 자리를 피하지 못하고 결국 화를 냈다면 반드시 아이들에게 사과해야 한다.

"아까 엄마가 너무 심하게 화를 낸 것 같아. 미안해. 다음에는 네가 이렇게 해주면 참 좋겠어."

사과와 화해의 시간을 꼭 가져라. 그러면 이미 엎질러진 물이지만 회복할 수 있다.

우리 안에 존재하는 정답 이외의 것

정신과 의사로서 요즘 우리나라 사람들이 화를 많이 내는 이유 중 하나는 '편 가르기' 때문이라고 생각한다. 나와 다르면 무조건 나쁘다고 한다.

좌파와 우파, 보수와 진보, 남혐 대 여혐, 노인 대 젊은이, 기독교인 대 불교인 또는 비기독인. 너무 심하게 편을 가르다 보니 마음속에 있던 공격성이 분출되어, 상대방에게 투사한다. 우리의 상황이 불안해서 그렇다. 상대방에게 공을 던지듯 공격성을 눈덩이처럼 뭉쳐서 "너 죽어라" 하고 던진다. 그러면 상대방도 똑같이 던진다.

밖으로 향한 분노는 타인을 향한 육체적, 언어적 폭력으로 나타나지만, 나를 향한 분노는 무기력증과 우울증으로 표출된다. 사실 분노의 최고봉은 '자살'이다.

실제로 자살을 시도하는 것뿐 아니라 내게 이로운 일을 하지 않고 파괴적인 행동을 일삼는 것도 이에 해당한다. 졸음운전, 일중독, 성형중독, 미디어나 게임중독 등 일종의 자기 파괴적인 행동은 사실 분노의 표현이기도 하다.

화병은 우리나라에만 있는 고유의 병이다. 미국의 정신과 질환 책에 "Hwa Byoung"이라는 정식 진단명으로 등록이 되어있다. 우리나라의 화병은 전 세계적으로 유일무이하다.

화병이 왜 생겼을까? 나는 유교문화의 영향이 크다고 생각한다. 우리는 한 살 차이만 나도 "감히 윗사람에게!"라고 말한다. 대표적인 것이 며느리 문화다. 부당한 대우를 받으면서도 참는 것이 미덕이라고 말한다. 나는 강연에서 며느리들에게 말한다.

"시어머니에게 대들고 싶거든 독립투사가 돼라."

문화적으로 감옥에 갈 각오를 하지 않으면 자기주장을 하기 어렵기 때문이다. 모두들 참는 것이 미덕이라고 생각한다. 교회 안에서도 마찬가지다. 기독교인은 화내면 안 되고, 하고 싶은 말이 있어도 참아야 한다고 생각한다. 그러다 보니 가짜 평화만을 드러내는 위선적인 모습이 많다.

쌓인 화를 참지 못해 전화를 통해 하고 싶은 말들을 쏟아내는 경우가 있다. 이것은 상대방의 가슴에 유리파편을 박는 것과 같다. 말하는 이는 모른다. 직접 대면하지 않고 통화만 하기 때문이다. 그래서 분노를 표현할 때에는 만나서 상대방이 준비가 되어있는지 살펴봐야 한다. 준비 운동을 한 뒤에 표출하는 것이 좋다.

참고 억누르지 말고 이해하라. 상대가 나쁜 것이 아니라 나와 다름을 받아들여야 한다.

'며느리 세대는 내 세대와 다르구나.'

보수와 진보, 남자와 여자도 나쁜 것이 아니라 다를 뿐이다. 화병이 생길 것 같으면 일단 상대방과 입장을 바꿔놓고 생각하라.

'나와 다른 사람이구나. 가정교육이 나와 달랐나보다. 나와는 세대 차이가 많이 나는구나.'

화내는 것은 습관이다. 좀 더 나아가서 반복적으로 분노를 폭발하고, 욕설과 폭언, 폭력적인 행동을 통해 상대방을 움츠리게 만드는 것도 폭력이다.

또 내가 해야 되는 일을 하지 않는 것은 '수동적인 폭력'이다. 부부싸움을 하고 나서 아내가 남편에게 아침밥도 차려주지 않고 배웅도 나가지 않는다. 또 부부관계를 거부한다. 남편이 생활비를 주지 않는 것도 큰 범위에서는 폭력에 속한다.

욱하는 원인, 착한 사람 콤플렉스

화를 내는 것이 너무 반복적이라면 정신질환의 하나로 볼 수 있다. 상처를 잘 받는다면 어린 시절에 상처의 뿌리가 있기 때문이다. 또한 화를 잘 내는 사람의 대다수는 음주 후에 화내는 경우가 많기에 꼭 치료가 필요하다.

부글부글 끓을 정도로 화가 났다면 속풀이를 어떻게 해야 할까? 남편이 출근하는데 나가보지도 않고 이불을 뒤집어쓴다. 속을 풀기 위해 친구에게 전화를 한다. 그런데 얘기 도중 나도 모르게 자꾸 말이 부풀려진다. 남편은 그냥 혼자 아침 차려먹고 아무말 없이 나갔다. 그런데 친구에게는 "그 인간이 문을 쾅 닫고 나가버렸어. 쳐다보지도 않더라고"라고 말한다.

다른 사람에게 얘기하면서 인지 오류가 생긴다. 생각에 주관적인 해석이 덧붙어 부풀려지고, 그래서 더 화가 난다. '아, 이런 것도 있었는데 왜 생각을 못했지?' 싶기도 하고, 친구가 맞장구를 쳐주면 분노가 눈덩이처럼 불어나기도 한다.

그래서 속풀이는 상담사라든지 목회자나 멘토처럼 믿을 수 있는 제3자가 좋다. 나와 직접적으로 연관된 사람에게는 하지 않는 것이 좋다.

화병이 생기는 사람들의 특징이 있다. 바로 '착한 사람 콤플렉스'다. 좋은 사람으로 보이고 싶다 보니 자기주장을 못하고 양보만 한다. 계속 퍼주다 보면 고갈된다. 그러면 화가 더 나고, 피해의식에 사로잡히면서 분노가 차곡차곡 저축이 된다. 그래서 나는 너무 착한 사람과는 어느 정도 거리를 두라고 말한다.

사실 오지랖이 넓은 사람들 때문에 우리가 덕을 보고 산다. 그들은 음식도 날라주고 새벽기도에 가도록 깨워주기도 한다. 하지만 이들도 힘들 때가 있다. 물론 남을 챙기는 은사를 받은 사람들도 있다. 기빙(giving)의 은사라고 한다. 이것까지 하지 말라는 얘기는 아니다.

'남에게 착하게 보이고자' 하는 목적이 있을 때 하지 말라는 것이다. 상대를 위한 봉사가 아니라 나를 좋게 보이고 싶고 욕먹기 싫어서 무리하게 하는 경우에 문제가 생긴다. 내가 할 수 있는 분량은 정해져 있는데 그 이상을 퍼주다 보니 생기는 부작용이다.

크리스천 중에 정말 좋은 사람들이 많다. 하지만 자기 틀이 굉장히 강한 사람도 많다. "이렇게 해야 돼"라는 자기중심적인 생각에서 벗어나 상대방이 나와 다를 수 있다는 것을 인정하자.

상대가 지금은 기독교인이 아니지만 나중에 기독교인이 될 수도 있다. 지금은 비록 영적으로 한참 초보지만 먼저 된 자가 나중 되고 나중 된 자가 먼저 될 수 있다. 섣불리 판단하면 안 된다. '살다 보면 그럴 수 있지. 사람이 다 그렇지'처럼 사고의 유연성이 필요하다.

우아하고 세련되게 화내는 법, RESTFUL

어떻게 하면 화를 덜 느끼고, 세련된 방법으로 승화시킬 수 있을까? 인지행동 치료자가 얘기한 RESTFUL(평온한)을 소개한다.

결론부터 말하면, 평소 자기 마음의 분노를 조절하는 것이 핵심이다. 일단 화가 나는 상황에서 참기는 매우 힘들지만, 평소에 평온한 마음 상태를 유지하고 있으면 화가 나더라도 여유를 갖고 조절할 수 있다.

R(Relationship, 관계) 대인관계에서 평소에 예민하지 않도록 연습한다. 상처받지 않도록 마음을 단단히 먹고, 상대에게 너무 기대하지 않는다.

E(Exercise, 운동) 평소 체력이 약하면 쉽게 피곤해진다. 그러면 짜증이 난다.

S(Spirituality, 영성) 말씀 앞에서 바로 설 때 세상의 불안함에 휩쓸리지 않는다. 영성이 건강한 사람은 정서적으로도 건강하다.

T(Thought, 사고) 긍정적인 생각을 반복해야 한다.

F(Feeling, 감정) 감정의 찌꺼기들을 그때그때 덜어내고, 되도록 기쁨이 넘치게 하자. 기쁨을 느낄 수 있는 것들을 무기처럼 하나씩 갖고 있으면 도움이 된다. 음악을 듣거나 사람들과 대화하면서 기쁨을 느낄 수 있다.

U(Unity, 하나됨) 상대방과 하나된 마음, 즉 상대를 생각하는

마음을 갖는다.

L(Lifestyle, 생활습관) 나는 어떤 규칙적인 생활습관을 갖고 있는가? 요즘은 너무나 불규칙한 생활습관을 가진 사람들이 많다. 규칙적으로 자고, 식사하고, 운동하라.

지금까지 말한 것을 모르는 사람은 없다. 단지 실천이 안 될 뿐이다. 화가 무조건 나쁜 것은 아니다. 분노를 느끼는 상황은 여러 가지가 있다. 불공평한 대우를 받았을 때나 자기를 보호하는 방어본능이 일어날 때처럼 타당한 이유로 분노가 일어나는 경우도 있다. 그리고 스트레스 호르몬(코티졸)이 많이 분비되면 더 화가 날 수 있다.

우리 뇌에는 본능의 뇌와 이성의 뇌가 있다. 화가 나는 것, 식탐이 생기는 것은 본능의 뇌와 연관돼있다. '다이어트 작심 3일'은 바로 이 본능의 뇌 때문이다. 이성의 뇌는 먹지 말라고, 화내지 말라고 한다. 이성의 뇌는 전두엽이다. 인간에게 가장 발달된 부분이다. 이 전두엽 기능이 저하되면 분노조절이 어렵다.

분노가 영적인 세대에 흐르면서 이어지는 기전이 있다. 바로 우리가 말하는 대물림, 즉 세대로의 전달이다. 부모가 분노를 표출하는 장면을 많이 목격한 자녀들이 자라서 똑같은 행동을 하는 경우가 많다. 그러한 분노의 기전이 뇌에도 있다. 자주 분노하는 뇌의 유전자를 받은 경우, 분노에 취약할 확률이 높다. 그래서 화

때문에 진료실에 오는 내담자에게는 주변에 그런 사람이 있는지 꼭 물어본다. 영적, 유전적 대물림이 있기 때문이다.

욱하는 사람들을 위한 실전 연습문제

심리학 책 100권을 읽는 것보다 연습문제를 통한 삶 속의 연습이 더 큰 효과를 나타낸다.

연습문제 1 친구와 저녁 6시에 만나기로 약속했는데 30분이 지나도록 친구가 나타나지 않는다. 게다가 전화조차 없다. 당신은 이 상황에서 화를 어떻게 조절하겠는가? 자신의 평상시 반응을 생각해보자.

1) '약속한 시간에 와야지! 자기가 뭐라고!'라는 생각에 계속 시간을 확인하며 부정적인 반응을 보인다.
2) 친구를 기다리면서 다른 일을 한다. 하지만 속은 부글부글 끓고 있다.
3) 긍정적인 반응이다. '피곤한 내게 휴식을 주는 좋은 친구네. 내가 피곤한 걸 어떻게 알았지?' 하면서 책을 읽으며 기다린다.

우리나라 사람들은 두 번째 반응이 제일 많다. 여기서 중요한 것은 당위성의 문제다. 위와 같은 상황에서 내 당위성은 '약속을 했으면 시간을 지켜야만 한다. 특히 나와 약속한 것은 꼭 지켜야 한다. 시간을 안 지키는 것은 나를 무시하는 행동이기 때문이다'라는 생각이다. 여기에는 부정적인 해석이 붙는다.

'약속시간이 30분이나 늦었는데 전화도 없어? 나를 무시하는 건가? 나는 어제 밤샘작업을 했는데도 딱 맞춰 왔는데….'

연습문제 2 45분 만에 나타난 친구가 미안해한다. 당신의 반응은 어떨 것 같은가? 대부분은 "괜찮아. 늦을 수도 있지"라고 말하지만 속은 부글부글 끓는다. '다음에 또 늦기만 해봐. 나도 늦을 거야'라고 마음먹는다. 분노조절이 잘 안 되는 사람은 그냥 가버리기도 한다. 분노를 잘 조절하고 통제하는 사람은 친구의 당위성을 인정해준다.

'나는 시간을 칼같이 잘 지키는 사람이지만, 이 친구는 나랑 다를 수 있어.'

가정에서 시간 지키는 교육을 받지 않은 사람도 있다. 가족 모두가 10~20분은 기본으로 늦는다. 그런 가정에서 자랐거나 통제 못할 상황이 생겨서 늦는 경우도 있다. 휴대폰 배터리가 없어서 전화를 못했다든지, 현관문을 열고 나온 것 같아서 확인하느라 늦었다든지 그 외에도 여러 가지 이유가 있을 수 있다.

분노조절을 잘하는 사람은 상대방의 입장에서 생각하고, 나와는 다른 그 사람만의 당위성을 인정해준다.

"무슨 일 있는 줄 알고 기다리면서 걱정 많이 했어. 힘들었지?

그렇지만 다음에는 늦지 마!"

겉으로 "괜찮아"라고 말하면서 속으로 화를 내기보다는 "나 걱정했어"라고 상대방을 배려하는 얘기를 한다. 그리고 '나 전달법'(I-message)을 통해 "나는 약속 시간을 잘 지키는 사람이니 다음에는 꼭 제시간에 와줘"라고 표현한다. 이것이 가장 성숙한 사람의 반응이다.

화가 나면 일단 30초 정도 참아라. 나 역시 급한 성격이다. 내담자와 상담을 하다가 그의 말을 막을까 봐 입을 가리기도 하고, 속으로 숫자를 세기도 한다. 다른 일에 주의를 전환하는 것도 좋은 방법이다. 그 자리를 피하거나 타임아웃(time out)을 하는 것도 효과가 있다. 물을 마시는 것도 좋은데, 그러면 정신이 번쩍 난다.

분노를 조절하기 위해서 절대 피해야 할 것은 피곤이다. 피곤할 때 싸우지 마라. "분노의 독은 땀으로 빼라"라는 말도 있다. 밖에 나가서 산책을 하거나 복식호흡을 하는 것도 좋은 방법이다. 나는 여기에 한 가지 방법을 더 추가하는데 바로 '금식'이다. 부부싸움을 너무 심하게 하는 부부가 찾아와 상담을 한 적이 있다. 서로를 탓하느라 상담을 할 수가 없었다. 그들에게 내린 처방은 금식이었다. 크리스천인 그들은 3일 금식 후에 찾아와서는 싸울 힘이 없어서 도저히 못 싸우겠더라고 했다.

그러면서 '3일만 안 먹어도 이렇게 배가 고픈데 그동안 싸운 이유가 별것 아니다'라는 생각이 들었다고 했다. 그리고 "우리 이

것 먹을까?" 하며 오히려 한편이 됐단다. 서로 연약할 때 한편이
된다.

연습문제 3 화가 나는 상황은 모든 사람들에게 다 있다. 각자
연습하자. 남편이 "이렇게 해야만 해"라고 말하면 아내는 화가
난다. "이렇게 하면 좋겠어"라는 말로 바꾸어보자. 아내들은
남편이 자신의 얘기를 잘 들어줬으면 좋겠다고 하소연한다.
그런데 모든 일에는 적절한 타이밍이 필요하다. 하루 종일 회의
하고 밤 10시에 귀가하는 남편에게 "오늘 무슨 일이 있었는지
알아?"라고 퍼붓는 것은 좋은 방법이 아니다. 적절한 시간에 유
순하게 말하자.
분노의 진짜 원인은 쉽게 상처받는 낮은 자존감 때문이다. 특
정 주제에 더 예민한 사람들이 있다. 홧김에 남자의 따귀를 때
리고 나서 찾아온 여성 내담자가 있었다. 그 남자가 그녀에게
옆 사람보다 얼굴이 더 크다고 얘기했으니, 크게 잘못하긴 했
다. 여자의 외모를 함부로 평가했으니 말이다.
남자들은 그런 얘기를 정말 많이 한다. 심지어 성경공부 모임에
서도 "살이 쪘네, 빠졌네. 화장이 잘 됐네, 안 됐네. 얼굴이 부었
네, 안 부었네"라고 말한다. 여자의 외모를 지적하는 것은 올바
른 매너가 아니다. 외모 콤플렉스로 상처받아 성형중독에 이르
러 정신과 상담을 받는 사람들도 있다.
남이 뭐라고 해도 영향을 안 받으면 상관없지만 사람들은 자기

의 콤플렉스가 건드려지면 크게 상처받고 화를 낸다. 그러니 어떤 부분에서 화를 잘 내는 사람이 있다면 그것이 그의 콤플렉스임을 기억하고 주의하는 것이 좋다.

연습문제 4 용서하기다. 정말 밉고 용서가 안 되는 사람이 있다. 나도 그렇다. 그 사람을 떠올려보자. 용서하라는 설교 말씀을 듣고 새벽기도에 가서 가슴을 치고 회개하면서 매달린다. 그런데 용서가 안 된다. 당연하다.

용서는 과거의 상처를 다 없애라는 말이 아니다. 인간이기 때문에 한번 받은 상처는 끝까지 간다. 물론 예수님의 보혈로 옅어지고 흐려질 수 있다. 하지만 그 상처를 굳이 없앨 필요가 없다. 그런 흉터가 내게 있다고 생각하면 된다.

용서에 도움이 되는 T.O.P.를 소개한다.

T(Transcend, 초월) 자아를 비우고 그냥 지나치라. 나를 매우 괴롭게 하고, 내가 도저히 감당할 수 없는 사람이라면 거리를 두는 것이 좋다. 객관적으로 지나쳐라. 척하라. 못 본 척, 아닌 척, 괜찮은 척, 싫지 않은 척도 중요하다.

O(Override, 무시) 너무 예민하게 반응하지 마라. 영향을 최소화하자. 곱씹으면 더 생각나기 때문이다. 친구에게 얘기하면서, 하나님께 얘기하면서 곱씹지 말라.

P(Pursue, 행복 추구) 그 사건은 내 인생의 큰 그림에서 봤을 때에는 스크래치 정도다. 작은 사건으로 억울하고 화나고 분노해봤자 내 발목만 잡힐 뿐이다. 내 시간을 낭비할 필요가 없다. 그것과 상관없이 내 행복을 추구해야 한다.

물론 이 세 가지는 다 단숨에 되지 않는다. 평생에 걸쳐서 연습해야 한다. 그래야 영적, 정서적으로 좀 더 성숙한 크리스천이 될 수 있다.

요셉이 그랬다. 요셉처럼 황당한 일들을 겪은 사람이 또 있을까? 너무 힘든 일을 많이 겪었지만, 후에 그는 자신을 팔아넘긴 형들을 용서하는 단계까지 이른다. 그러기까지 수십 년이 걸렸다. 이렇게 오래 걸려도 괜찮다.

연습문제 5 화를 내기 전에 마음의 준비운동을 해보자. '이건 꼭 얘기해야겠다' 싶을 때에는 한 가지 주제 즉, 현재 문제에만 집중하라. 얘기하다 보면 과거의 문제까지 속속들이 떠오르게 마련이다.

그래서 남편들이 아내가 "얘기 좀 해!"라고 하면 제일 무서워한다. 현재 문제로 한 가지 주제만 얘기하면 되는데 여자들은 감정적이다 보니 과거에 섭섭했던 것까지 계속 끄집어내기 때문이다. 내가 말하고 싶은 요점만 전달해야 한다. 만약 자신이 없으면

적은 후에 그냥 읽기를 권한다. 요점을 전달하는 일이 쉽지 않기 때문이다. 이때 상대는 길게 변명하거나 논쟁하지 말고 일단 들어주라.

우리는 다툴 때 "그게 아니라…" 하면서 상대의 말을 막고 내 얘기만 한다. 분노가 넘치기 때문이다. 말을 한 다음에는 상대방의 얘기도 들어줘야 한다.

부모도 못 바꾸는 그 사람의 품성

언젠가 한 신혼부부가 심하게 싸움을 하고 병원에 왔다. 그들은 "도저히 이렇게는 살 수 없다"라고 하면서 이혼을 해야 하는 것 아니냐고 하소연을 늘어놓았다. 그래도 이들은 귀여운 편에 속한다. 내 앞에서 서로 자기가 옳음을 증명하려고 설전을 벌이는 부부도 있었다. 누가 등 떠밀어 한 결혼도 아닌데 왜 그럴까? 나는 안타까운 마음에 한마디 했다.

"그만하세요. 그 사람은 부모도 못 바꿔요."

그래도 들을 귀가 있는 부부였기에 내 설명을 잠잠히 듣기 시작했다.

"내가 바꿀 수 있는 것과 바꿀 수 없는 것을 구별하세요. 내 품성도 바꾸기 힘들잖아요. 남편(아내)의 품성 역시 바뀌기가 쉽지 않습니다."

부모도 못 바꾸는 둘의 품성은 결혼이라는 긴 터널을 통해 다

듬어져 간다. 그래도 부부 상담을 받겠다는 커플에게는 반드시 소망이 있다.

사실 결혼을 하면서부터 행복 지수가 떨어진다. 결혼식장이 행복의 최고치라고 보면 된다. 그다음부터는 점점 떨어진다. 결혼하면 배우자와 한 몸이 됐기 때문에 불순물이 보이기 시작한다. 하지만 상대에게 불순물만 있는 것이 아니다. 그런데도 우리는 불순물에 집중하여 그걸 바꾸려고 한다. 그리고 요구한다.

"이 불순물을 빨리 없애!"

내 불순물은 보지 않고 상대의 것은 바꾸려고 한다. 그러나 바꿀 수 있는 것과 바꿀 수 없는 것이 분명히 있다. 나와 똑같은 생각을 상대방이 해주면 아마 이 세상에 관계의 갈등이 없을 것이다. 하지만 우리는 로봇이 아니다. 하나님의 형상으로서 고유의 특징을 가지고 있다.

하나님이 우리를 그렇게 만드신 이유가 다 있다. 삶의 목적과 고유의 특성들이 저마다 다르다. 상대의 단점을 오히려 긍정적인 에너지로 생각하면 영적으로, 정신적으로 성숙한 기독교인이 될 수 있다.

chapter 6

하나님 앞에
나를 재정비하는 시간
: 우울

우울증에 대한 부정적인 선입견을 버렸으면 한다. '나를 살펴보라는 몸
의 신호'라고 생각하면 좋겠다. 그 기회를 통해 하나님을 신뢰하게 되며,
그 관계가 더 돈독해질 수 있다.

마음의 온도계를 준비하라

요즘은 내담자들이 정신과에 오기 전에 검색을 통해 스스로 진단을 내리고 온다. 그래서 예전보다 말하기가 편하다. 예전에는 우울증 진단을 내리기가 쉽지 않았다. 내담자에게 상처가 될까 봐 조심스러웠기 때문이다. 자신이 우울증인 것을 알 때와 모를 때가 사뭇 다르다. 진단을 받고 갑자기 환자가 되는 경우도 있다. 그래서 나는 이렇게 설명한다.

"우울증이다, 아니다가 중요한 게 아닙니다. 감정의 스펙트럼이 여기서부터 저기까지 있다면 당신은 이쪽으로 조금 더 치우쳐 있습니다."

이것은 "온도계가 20도가 넘으면 우울증이고, 19도면 우울증이 아니다"라는 식으로 나눌 수 있는 게 아니다. "우울감이 온다"라는 느낌이 사람마다 다르기 때문이다. 나도 가끔 우울할 때가 있다. 어떤 일에 의미를 못 느낀다든지, 무엇을 했는데 인정받지 못했을 때 그렇다.

몸과 마음이 너무 지쳐 우울증이 오는 경우도 있다. 열심히 사역을 끝낸 후에 허탈감을 느끼거나 단기선교를 다녀온 후에 우울함을 느끼는 경우도 있다.

'우울증인가 아닌가'보다는 어떻게 하면 그 기간을 덜 힘들게 보낼 수 있는지가 중요하다. 나를 추스르고 하나님 앞에 재정비하는 시간으로 만들면서. 이런 상태를 잘 표현한 좋은 예가 성경에 나온다. 바로 로뎀나무 아래의 엘리야이다. 그는 손 하나 까닥하기 힘든 상태였다.

자기 자신은 광야로 들어가 하룻길쯤 가서 한 로뎀나무 아래에 앉아서 자기가 죽기를 원하여 이르되 여호와여 넉넉하오니 지금 내 생명을 거두시옵소서 나는 내 조상들보다 낫지 못하니이다 하고 로뎀나무 아래에 누워 자더니 왕상 19:4,5

우울증 환자 중에 "내 부모는 왜 나를 낳은 걸까요?", "세상 사람들은 왜 살고 있지요? 결국 모두 죽는데 왜 이렇게 고통스럽게 살아야 되나요?"라고 말하는 사람들이 있다.

우울증 진단 기준에는 '어떤 의미나 의욕을 찾을 수 없는 상태'가 들어간다. 엘리야와 같은 선지자도 로뎀나무 아래 앉아 죽기를 간청했다. 실제로 병원에 찾아와서 "내일이 안 왔으면, 오늘 잠든 다음에 눈이 안 떠졌으면, 어딘가로 사라졌으면 좋겠다"라고 말하는 사람들이 있다.

엘리야가 "나는 내 조상들보다 낫지 못하다"라고 말했던 것처럼 "저는 부모님의 발뒤꿈치 때만도 못해요. 형제들은 다 잘났는데 저만 아니에요. 저 같은 건 사라져야 해요"라고 말하는 이들도 있다. 그러고는 누워서 잔다. 우울증의 한 증상이다. 잠이 안 오는 사람도 있지만 종일 잠만 자는 사람도 있다.

우울증은 불면 또는 과수면으로 나타난다. 수면 사이클 자체가 망가진다. 과수면인 경우 거의 12~24시간 동안 잠만 잔다. 기력과 의욕이 없고 나갈 곳이 없기 때문이다. 할 일이 없다 보니 그냥 잔다. 눈만 떴다 감았다 한다.

천사가 엘리야에게 와서 한 일은 무엇인가?

천사가 그를 어루만지며 그에게 이르되 일어나서 먹으라 하는지라

왕상 19:5

"어루만지며"는 육체적인 터치나 이불을 덮어주는 행동일 수 있다. 그를 이끌어 나와서 공기를 마시게 하고 오감을 느끼게 하는 것이다. 우울한 사람은 밥도 안 먹는다. 누군가 일으켜 세워서 밥을 먹여야 한다. 가족이 갑자기 사고나 병이나 자살로 사라지면 유가족들도 밥을 먹지 않는다. 그러나 일어나서 먹어야 한다.

본즉 머리맡에 숯불에 구운 떡과 한 병 물이 있더라 이에 먹고 마시고 다시 누웠더니 왕상 19:6

엘리야는 먹고 마신 다음 또다시 누웠다. 우울증이 원래 그렇다. 신생아 같다. 먹고 자고 눕고 싸기를 반복한다. 이럴 때는 하고 싶은 대로 하라고 일단 내버려둬야 한다.

천사는 엘리야를 또 찾아왔다.

여호와의 천사가 또다시 와서 어루만지며 이르되 일어나 먹으라 네가 갈 길을 다 가지 못할까 하노라 하는지라 왕상 19:7

천사는 '언제까지 그대로 있나 보자' 하며 내버려두지 않고 "네가 갈 길이 있다"라며 그를 잡아끌었다. 지금 현재가 인생의 전부가 아니다. 우리 인생에는 큰 그림이 있다. 지나고 보면 그 순간은 티끌 같다. 그런데 당시에는 느끼지 못한다. 죽을 것만 같다.

1부에서 나눈 것처럼 나 역시 그랬다. 천사를 문전박대해서 내쫓을 뻔했다. 그러나 전도사님은 끝까지 인내하며 천사의 역할을 해주셨다. 문을 열어드리지 않았어도 그 분은 다시 오셨을 것이다.

이에 일어나 먹고 마시고 그 음식물의 힘을 의지하여 사십 주 사십 야를 가서 하나님의 산 호렙에 이르니라 왕상 19:8

엘리야는 음식을 먹고 사십 주야를 걸어서 하나님의 산 호렙에 이르렀다. 선지자 엘리야의 인생 목적이 여기에 있었다. 호렙 산에 가서 하나님의 말씀을 듣는 것. 이것이 그의 사명이었다.

우리에게도 사명이 있다. 살림하는 것, 자녀들을 하나님의 자녀로 키우는 것, 학교에 가는 것, 돈을 버는 것, 회사에 다니는 것, 가르치는 것 등.

받은 게 많으면 많을수록 빚진 마음이 생긴다. 사람들은 "남을 위해 공부하니?"라고 말하는데 사실은 남을 위해 배우는 것이다. 자기가 공부해서 받은 것을 나눠야 한다.

내가 의과대학까지 갈 수 있었던 것, 유학을 할 수 있었던 것, 외국에서 전도사님의 도움을 받은 것이 모두 특혜라고 생각한다. 그래서 다른 사람이 못 누리는 것을 누렸으니 함께 나누어야겠다는 생각으로 살고 있다.

여성에게 우울증이 더 흔한 이유

내가 여자 의사라서 그런지 진료실을 찾는 분들의 70~80퍼센트는 여성이다. 원래 우울증은 여성이 남성보다 2배 이상 많이 걸린다. 그 이유는 세로토닌이라는 행복 호르몬이 남성의 절반만 생성되기 때문이다.

여성은 특히 다이어트나 육아로 인해 영양섭취가 충분하지 않다. 10대 이후 여자의 몸 안에는 '에스트로겐'이라는 여성호르몬의 농도가 한 달 동안 춤추듯이 왔다 갔다 한다. 생리가 시작되기 일주일 전이나 출산 후, 폐경 전후로 이 호로몬의 레벨이 급격하게 떨어지는데 이것이 감정기복의 원인이 된다.

또한 날이 흐리거나 비가 오거나 찬바람이 불기 시작하면 우울증이 늘어난다. 겨울이 상대적으로 긴 나라에서는 일조량의 부족으로 우울증 발병률이 높다고 한다.

어두울 때 분비되는 호르몬인 멜라토닌의 불균형 때문인데, 겨울에 잠이 쏟아지고 탄수화물을 자꾸 찾게 되며 잠을 자도 피곤하고 무기력과 짜증이 심하다면 계절성 우울증을 의심해야 한다.

영국 유학생이었던 어느 20대 여성도 11월마다 우울증이 재발하여 병원을 찾곤 했다. 내 아내나 딸이 갑자기 짜증이 많아지고 살림이나 학업을 게을리 하며 약속을 지키지 않고 난폭해진다면 여성 호르몬의 변화 때문일 수 있다.

그런데 우울증에 빠진 가족을 혼내거나 다그치는 경우도 많다. 진료에 동행한 아버지에게 딸이 우울증인 것 같다고 했다가 이런 이야기를 들은 적도 있다.

"맞으면 정신을 차리겠죠. 이 나이에 우울증이라면 정신을 못 차린 거예요."

우울증 약을 먹지 말라고 하는 부모도 많다. 의지로 좋아져야지 약을 먹으면 중독이 된다고. 그리고 나중에 결혼과 임신은 어떻게 하냐고. 겨우 설득해서 약을 먹게 되어도 마찬가지다.

"언제까지 약을 먹어야 하느냐? 약을 그렇게 오래 먹어도 되느냐? 약은 그만 먹고 운동해라."

부모는 섣부른 충고를 멈추고 아이의 상태를 경청하며 감정을 표현할 수 있도록 도와야 하는데, 듣기는 더디 하고 말을 앞세운다. 혹시 우울증이 있는 누군가가 자살을 언급하면 "그런 생각 말라"라며 덮어버리지 말라. 오히려 자세히 묻고 주치의에게 꼭 알려야만 한다.

우울증을 통해 쉬어가게 하신다

우울증 환자들은 대개 자기가 우울증이라는 사실을 불편하게 여긴다. 항상 좋은 모습만 보여주어야 한다는 생각을 가진 기독교인일수록 더욱 그렇다.

대기업 CEO들을 대상으로 우울증 선별검사를 하면, 우울감이 0으로 나온다. 완벽주의 성향이 있고, 성취가 강조되는 직책에 있는 사람일수록 더욱 그런 결과를 보인다. 일반인들을 대상으로 검사를 하면 우울감이 10~15점 정도 나오는 게 정상적인데 CEO들은 우울감을 느끼는 감성마저도 허락되지 않는 집단인 셈이다.

우울증에 대한 부정적인 선입견을 버렸으면 한다. '나를 살펴보라는 몸의 신호'라고 생각하면 좋겠다. 그 기회를 통해 하나님을 신뢰하게 되며, 그 관계가 더 돈독해질 수 있다. 물론 우울이라는 것이 없으면 가장 좋겠지만, 나이가 들면 갱년기가 찾아오듯이 나도 모르는 사이 몸이 지쳤다면 신호가 찾아오게 마련이다.

진료를 받고 우울감이 호전되면 상담대학원에 진학하여 상담가가 되겠다는 비전을 갖는 분을 보았다. 자신이 겪은 우울증이 바로 남을 위로하는 위로자로서의 길을 시작하는 원동력이 된 것이다. 나는 그의 소원을 적극 지지했다.

상처 입은 치료자가 가장 좋은 상담가이며, 예수님을 만난 사람은 위대한 상담가와 대면한 것이다. 꼭 상담대학원을 가지 않더라도 다른 사람들의 감정에 공감하고 위로하는 성품을 갖게 된다.

우울증으로 우리의 여러 성품이 다루어지기도 한다. 그 중 가장 많이 훈련되는 성품은 인내심이다. 오래 참고 기다릴 줄 알게 된다. 나는 사랑과 성숙이 '오래 참음'에 있다고 본다.

마음을 새롭게 하라

정신의학에서 우울증 치료는 인지치료가 대세이다. 어떤 생각을 하느냐가 뇌의 호르몬을 변화시킨다는 것이다. 로마서 12장 2절의 "마음을 새롭게 하여"는 바로 우리 안에 있는 부정적인 생각을 버리고 좋은 것들만 생각하라는 빌립보서 4장 말씀을 실천하라는 뜻이다. 감사할 것이 없어도 감사하기로 선택하고, 바라는 것을 감사함으로 아뢰면 사람의 헤아림을 뛰어넘는 하나님의 평화가 우리의 마음과 생각을 지켜줄 것이다(빌 4:4-7 참조).

진료실에서 생활일지를 주어 생활습관, 수면습관을 점검하고 감사일기를 적게 하는 이유도 여기에 있다. 처음에는 '감사할 것이 있을까?' 하는 마음으로 일지를 가져갔던 분들이 작은 것까지 기록하면서 기뻐하기도 한다.

부정적인 생각들을 기록하는 일지를 주기도 한다. 왜곡된 생각들은 합리적인 생각으로 바꾸어나가야 하는데 성경구절들이 힘이 될 때가 많다.

'우울증을 이길 수 없을 거야. 도대체 앞이 보이질 않아.'

이런 생각들도 성경구절로 대체해야 한다. 하나님은 우리의 피난처시요 힘이시며 어려운 고비마다 우리 곁에 계시는 구원자다. 그러므로 땅이 흔들리고 산이 무너져 바다 속으로 빠져들어도 우리는 두려워하지 않을 수 있다(시 46:1-3 참조).

안 좋은 일을 겪거나 상실감으로 인해 우울증이 생긴 사람들도 있다. 그들에게는 전도서 3장의 "울 때가 있고 웃을 때가 있으며 슬퍼할 때가 있고 춤출 때가 있다"(4절)는 말씀으로 위로한다. 그러면 이 또한 지나간다는 희망을 가질 수 있다.

어떤 사건이 자기 잘못이라고 생각하며 죄책감에 빠지는 경우도 흔한 일이다. 요한일서 1장 8, 9절은 이들에게 죄책감을 내려놓으라고 말한다.

만일 우리가 죄가 없다고 말하면 스스로 속이고 또 진리가 우리 속에 있지 아니할 것이요 만일 우리가 우리 죄를 자백하면 그는 미쁘시고 의로우사 우리 죄를 사하시며 우리를 모든 불의에서 깨끗하게 하실 것이요

궁극적으로 우울에서 벗어나는 길은 엘리야가 그랬듯이 현재의 상황이 아닌, 나를 향해 가지고 계신 하나님의 목적과 그 계획을 신뢰하는 것이다. 예레미야 29장 11절(새번역)은 이렇게 말한다.

너희를 두고 계획하고 있는 일들은 오직 나만이 알고 있다. 내가 너희를 두고 계획하고 있는 일들은 재앙이 아니라 번영이다. 너희에게 미래에 대한 희망을 주려는 것이다. 나 주의 말이다.

병든 영성을 버리라

엘리야가 그곳 굴에 들어가 거기서 머물더니 여호와의 말씀이 그에게 임하여 이르시되 엘리야야 네가 어찌하여 여기 있느냐 왕상 19:9

하나님은 엘리야의 정체성을 물어보셨다. 이 질문은 우울증을 이겨내는 데 반드시 필요하다. 내가 누구인지, 무엇을 잘하는지, 무엇을 할 때 가장 즐거운지, 어떤 사명이 있는지 스스로에게 물어보라. 교회에서는 흔히 "내 것을 다 버리고 내려놓아야 한다"라는 말을 많이 한다. 그런데 어떻게 내려놓는지, 무엇을 내려놓아야 하는지 모른다. 우울증은 바로 이것을 내려놓는 단계라 할 수 있다.

엘리야는 "내가 만군의 하나님 여호와께 열심이 유별하오니"(왕상 19:10)라고 답한다. 그는 열심이 유별했다. 그런데도 생명이 위태로운 지경에 처했다. 교회에서 누구보다 열심히 봉사했는데 오해를 받으면 허탈하고 손해 본 것 같은 마음이 든다. 이는 사역보다 하나님과 관계를 친밀하게 하라는 사인이다.

'내가 일과 사람에게 너무 휩쓸렸구나. 하나님과 친밀감이 가장 중심이어야 하는데….'

이럴 때 복귀해야 한다. 로뎀나무 아래는 결국 은혜를 누리는 시간이다.

피터 스카지로(Peter Scarzzero) 목사님은 《정서적으로 건강한 영성》에서 영적으로 무언가 단단히 잘못됐을 때 열 가지 신호가 온다고 했다. 열심을 다해 교회를 섬겼는데 허탈감이 찾아오면 자신을 점검해야 한다.

1. 하나님께로부터 도망치고자 하나님을 이용한다

예를 들면, 기도를 열심히 했는데 응답이 없으면 교회 탓, 하나님 탓, 내 탓을 한다. 건강하지 못한 영성이다.

2. 분노, 슬픔, 두려움 같은 감정을 무시한다

예전에 내 어머니가 그랬다. 새벽기도 때 엉엉 우는 사람 때문에 기도에 방해가 된다고. 나는 어머니에게 우는 사람은 그만한 이유가 있을 거라고 말했다.

나는 모두가 기도 시간에 엉엉 울어야 한다고 생각한다. 어떻게 하나님 앞에 자기 문제를 가지고 갔는데 안 울 수가 있는가! 슬픔과 분노를 무시하지 마라. 시편에도 무섭고 두려운 마음, 힘듦을 표현한 내용들이 많다. 하나님께 하소연해야 한다.

3. 자신의 정당한 욕구조차 거부한다

예를 들면, 여자가 남자를 만나고 싶어 하는 마음이다. 나는 그런 욕구도 정상이라고 생각한다. 예쁜 옷을 입고 싶고, 맛있는 것을 먹고 싶은 욕구도 무시하면 안 된다.

우리 병원에 찾아온 어느 독실한 크리스천이 자기는 풀만 먹는다고 했다. 가난한 아프리카 아이들도 있는데 음식에 너무 많은 돈을 쓰면 안 된다는 것이다. 그래서 나는 노년기에는 단백질, 즉 고기도 먹어야 한다고 말해줬다. 내 몸이 건강해야 봉사도 할 수 있다. 너무 자기를 못살게 굴 필요는 없다.

4. 현재에 미치는 과거의 영향력을 부정한다

성화의 과정은 과거의 영향력을 부정하고 하나님이 주신 것을 향해 앞만 보고 매진하는 것을 의미하지 않는다. 오히려 과거로 돌아가 자기 자신과 다른 사람을 사랑하지 못하게 막는 파괴적이고 나쁜 습관을 깨뜨리고 거기서 해방되는 것이다.

5. 우리 삶을 '속된 것'과 '거룩한 것'으로 양분한다

어떤 사람은 데이트나 성(性)을 거룩하지 못하다고 한다. 그들은 육에 속한 것은 열등하고 영적인 것만 우월하다고 여긴다. 결혼생활을 시작해도 불감증이나 성기능 장애를 가지고 있지만, 그 자체를 언급하는 것조차 회피한다.

돈의 노예가 되는 것을 두려워하니 돈으로 할 수 있는 많은 선한 일들도 막는다. 평생 좋은 음식 먹는 것을 꺼리며 영양분 섭취를 제대로 하지 못한다.

6. 하나님과 동행하기보다 사역에만 바쁘다

이는 인정 욕구가 많은 사람들의 특징이다. 학창 시절을 생각해보면 앞에 나서서 반장을 하는 친구도 있고 따라가는 친구도 있다. 교회도 마찬가지다. 이것은 자기의 은사며 성격이다. 실컷 봉사를 해놓고 나서 불만이 생긴다든지 화가 난다면 자기 영성을 점검해보아야 할 것이다.

7. 갈등을 회피한다

가짜 평화를 유지한다. 속으로는 딴 생각을 하고 뒤에서 욕한다. 당당하게 자기가 하고 싶은 말을 다 하지 못한다. 특히 여성에 대한 무의식적인 편견까지 더해져서 스스로 행동에 제약을 둔다.

자기 의견을 표현하면 믿음이 부족한 신앙인으로 비추어질 것 같고, 그룹에서 이상하다는 이야기를 듣게 될 것 같아 두려워서다. 그로 인한 상대의 고충도 크다. 도대체 무엇을 원하는지 감을 잡을 수가 없다. 다 괜찮다고 하는데 정말 괜찮은 건지 알 수 없다. 그냥 좋게만 넘어가니 문제가 해결될 리 없다.

8. 상처, 약점, 실패를 은폐한다

물론 믿을 수 없는 사람에게 모든 것을 다 공개할 필요는 없다. 내 담자 중에 자신이 정신과에 다니는 것을 교회나 학교에 얘기해야 되는지 묻는 사람이 있다. 그러면 나는 "우리가 사생활을 전부 공 개하는 것은 아니지 않습니까?"라고 답한다.

모르는 사람 앞에서 완전히 발가벗을 필요는 없다. 신뢰할 만한 사 람이나 멘토 한두 명 외에는 가릴 건 좀 가려야 한다. 그러나 무조 건 숨기거나 부정하는 것은 수치심에 근거한 것임을 알아야 한다.

예를 들면, 이혼한 딸에게 교인이 알면 안 되니까 이혼하지 않은 척 하라고 한다. 실제로 많이 일어나는 일이다. 이혼하고 싶어서 결혼 하는 사람은 없다. 어떻게든 막고자 노력했지만 어쩔 수 없어서 이 혼한다(이혼율이 5퍼센트도 안 되는 나라가 오히려 못사는 나라라는 통계가 있다. 여성의 인권이 인정되지 않는 나라라는 뜻이다).

그렇다고 내가 이혼을 권장하는 것은 아니다. 다만 이혼을 숨기려 는 부모의 마음이나 이혼해야만 했던 자녀의 마음을 다 이해해줘야 한다는 것이다. 정죄하지 않고 평가하지 않을 때 솔직하게 말할 수 있다. 교회가 이혼자, 장애우, 정신질환자를 품어줘야 한다.

9. 자신의 한계를 인정하지 않는다

'내가 다 해야 한다'는 부담감을 내려놓아야 한다. 그렇지 않으면 교회에서 사역하다가 시험에 든다. 교회 사람들에게 상처받고 아예 교회를 옮겨버린다. 왜 자기 자신을 돌보아야 한다는 생각은 하지 않을까? 기독교인은 자기중심적인 기존 문화와 구별되어야 한다는 의식 때문에 자기 자신을 돌보는 것에 대한 죄책감을 가지고 있다. '내가 하지 않으면 안 된다'는 강박은 사실 인정욕구에서 비롯된다.

10. 다른 사람들의 신앙을 판단한다

흔한 경우가 결혼을 결정할 때다. 요즘은 점점 결혼이 늦어지고 있다. 모든 걸 갖춰야 된다고 생각하기 때문이다. 그런데 그만큼 갖춘 사람은 자신과 비슷한 연령대에는 없다. 기독교인은 거기다 영성까지 원한다. 그런데 영성은 누가 판단할 수 있는 것이 아니다. 사실 영성은 집이나 직장처럼 일상생활 속에서 드러난다. "먼저 된 자로서 나중 되고 나중 된 자로서 먼저 될 자가 많으니라"(마 19:30)는 말씀을 기억하자.

벽을 뚫으면 새로운 차원이 열린다

어거스틴은 이런 기도를 했다.

"주님, 당신을 알기 위해 제 자신을 알게 해주십시오."

연세가 많은 분들이 기도하는 모습을 보면 마음이 뭉클해진다. 우리의 일생 동안 이어지는 기도가 바로 이런 기도여야 한다. 나를 알아가는 과정은 평생이기에 게을리 해서는 안 된다. 늘 말씀

에 비추어 나를 돌아봐야 한다. 왜냐하면 가족이나 사회가 전달
해주는 잘못된 메시지가 너무 많기 때문이다.

- 돈은 삶을 안전하게 지켜주는 원천이다.
- 사람들과 갈등은 되도록 피해라.
- 반드시 여성은 순결을 지켜야 한다. 남자는 꼭 그래야 하는 건
  아니다.
- 절대 슬퍼하거나 우울해하지 마라.
- 분노는 나쁜 것이므로 싸워서 이겨라.
- 부모님의 사랑에 보답해야 한다.
- 사람을 믿으면 실망하게 된다.
- 감정이 이끄는 대로 행동하라. 혹은 감정은 중요하지 않다.
- 교회에서 사랑받는 사람이 되어야 한다.
- 하나님의 일은 어떤 일이 있어도 열심을 다해야 한다.

나는 우울증 환자에게 이렇게 말한다.
"벽이라는 하나님의 선물이 왔군요."
살면서 원하지 않는 어려움을 당할 때, '벽'이라는 선물을 받았
다고 생각해보라. 왜냐하면 '영혼의 어두운 밤'(The dark night of
the soul)이 바로 고립된 시간, 고독의 시간이기 때문이다. 우울
한 감정이 있을 때 우리는 하나님을 더 깊이 사랑하게 된다. 그리
고 이 시간, 이 밤을 지나야만 우리가 가지고 있던 나쁜 습성과 습

관, 불순물이 제거된다.

광야의 시간을 보낸 많은 신앙의 선배들이 그러했다. 아브라함도 이삭을 얻기까지 25년이 걸렸다. 욥 역시 어마어마한 시험을 받았다. 고통을 감내하며 꿋꿋이 버틸 때, 하나님은 그분의 성품을 우리에게 새겨주시고 점점 더 닮아가게 하신다. 또한 새로운 차원의 신앙으로 도약하게 하신다. 초등학생에서 중학생으로, 중학생에서 고등학생으로 올라가게 하신다.

슬프고 우울한 마음이 불신앙인가?

"쟤 우울증이래. 믿음이 부족해서 그래."

그렇지 않다. 물론 내 죄의 대가로 우울증이 오는 경우도 있다. 그러나 1+1이 꼭 2인 것은 아니다. 우리에게 일어난 모든 일들은 인과관계가 명확하지 않다.

욥이 결국 고난 가운데 일어설 수 있었던 것은 그에게 닥친 재앙들이 그의 죄 때문이 아니었기 때문이다. 재앙으로 인해 하나님을 대면하고, 그분의 은혜를 경험하기 위함이었다. 그래서 욥의 고난이 끝난 후에 다시 얻은 자녀와 재물은 중요한 것이 아니다. 하나님과 대면을 통해 소중한 경험을 했기 때문이다.

크리스천은 고난 가운데서도 하나님을 바라보고 기쁨을 잃지 않을 수 있다. 왜냐하면 그분을 신뢰하기 때문이다. 이 또한 지나갈 것이며, 이 벽을 뚫으면 내게 새로운 차원이 열릴 것이기 때문이다. 하나님이 주신 벽 앞에서 잠잠히 기다리는 자는 복이 있다.

몸이 아픈 것은 마음이 아픈 것이다

우울증에 걸린 사람은 몸도 우울해진다. 그래서 나는 정신질환이 아니라 '전신질환'이라고 말한다. 우울증의 원인은 여러 가지가 있다.

- **신체적 원인** — 갱년기, 수술 후, 항암제나 약물의 부작용, 암이나 갑상선 질환, 뇌졸중, 중풍에 걸렸을 때
- **생물학적 원인** — 호르몬 이상(갑상선 호르몬 등), 신경전달물질의 이상(노르에피네프린, 세로토닌 등)
- **심리적 원인** — 완벽주의, 의존적인 성격, 낮은 자존감
- **사회적 원인** — 원치 않는 충격적인 일(강도나 강간, 데이트 폭력)이나 부정적인 사건(이혼, 사별)을 겪었을 때

그런데 우리나라에서는 우울증 환자의 7.8퍼센트 정도만 병원을 찾는다. 11.1퍼센트는 자살충동을 경험하고, 13.3퍼센트는 병원에 가고 싶어 한다. 하지만 67.8퍼센트는 병원에 가본 적도 없다. 호주나 미국은 우울증 환자의 30~40퍼센트가 병원을 찾는다.

우리나라 사람들이 정신과나 상담소에 가지 못하는 이유는 무엇일까? 자기 정보가 노출되는 것을 극도로 꺼리고, 주변을 의식하기 때문이다.

그러나 개인정보법이 우선이기에 법적인 문제를 일으키지 않는 한 회사나 결혼 상대가 정신과 치료 기록을 조사할 수 없다. 그래

도 요즘은 인식이 많이 좋아져서 크리스천 내담자들도 "행복 호르몬(세로토닌)이 나오는 약을 주세요"라고 말한다.

약도, 의사도 하나님이 만드셨다. 그런데도 우울증 약을 먹는 것은 하나님이 치유하실 것이라는 믿음이 부족하기 때문이라고 생각하는 분들이 종종 있다.

"그 잎사귀는 약 재료가 되리라"(겔 47:12)라는 말씀에서 볼 수 있듯이, 약을 먹는 것은 성경적이다. 하지만 약물에 의존하거나 현재 상황을 도피하기 위해 사용하는 것은 안 된다.

우울증에는 신체의 호르몬을 조절해주는 약이 필요하다. 우울증은 감기와 같아서 자주 재발한다. 가벼운 우울증의 경우에는 2~3주만 약을 먹어도 신체증상이 많이 완화된다. 하지만 그때 재발방지를 위해서 약물의 작용이 더 필요하다.

교회에서 우울증 환자는 믿음이 부족한 사람으로 보여지기도 한다. 기도가 부족해서, 성경을 안 읽어서 그렇다고 판단하지 말고 함께 기도하며 자신에게 도움이 되었던 성경구절을 나누어주라.

아무리 기운이 없고 눕고만 싶어도 몸을 억지로 일으켜 세워 챙겨 먹고 몸을 움직여야 한다. 마음이 내키지 않아도 그렇게 하다 보면 몸이 따라 움직여진다.

무엇보다 삶의 균형을 이루는 것이 중요하다. 기도만 한다고 우울증이 좋아지지 않는다. 또 약 먹고 운동만 한다고 좋아지지 않는다. 모든 삶의 영역에서 균형을 이루어야 한다.

특히 몸 관리를 소홀히 하는 사람들이 많은데, 매우 중요한 부

분이기에 반드시 신경 써야 한다. 우리는 우울하고 힘들 때 하나
님과 거래하려 한다.

'하나님, 너무 힘들어요. 이렇게 좀 해주세요!'

조건을 내세우며 거래한다. 그런데 조건부 사랑은 진정한 사랑
이 아니다. 우리가 결혼할 때, 상대의 덕을 보기 위해 결혼하지 않
는다. 마찬가지로 인간이 무엇이기에 하나님 앞에서 늘 덕만 보려
하는가?

하나님은 욥에게 "네가 하늘의 법칙을 아느냐? 네가 땅을 다스
리는 주권을 세울 수 있느냐?"라고 물으셨다(욥 38:33, 우리말성경).
그러자 욥이 고백한다.

보십시오. 저는 보잘것없는 사람입니다. 제가 어떻게 주께 대답하
겠습니까? 손으로 입을 막을 뿐입니다 욥 40:4, 우리말성경

욥이 벽을 뚫는 장면이다. 이 고백이 우리의 고백이 되었으면 좋
겠다.

크리스천은 고난 가운데서도

하나님을 바라보고 기쁨을 잃지 않을 수 있다.

왜냐하면 그분을 신뢰하기 때문이다.

이 또한 지나갈 것이며,

이 벽을 뚫으면

내게 새로운 차원이 열릴 것이기 때문이다.

하나님이 주신 벽 앞에서

잠잠히 기다리는 자는 복이 있다.

chapter 7

불안과 잘 지내는 법
: 불안과 두려움

우리는 조금도 다치기 싫어하고, 손해 보기 싫어하고, 피해입기 싫어한다. 어린아이처럼 아직도 '나'에게만 국한되어 있다. 두려움과 불안의 근본 죄성은 내 안에 있다.

불안의 순기능도 있다

요즘 어떤 걱정을 하며 지내는가? 사실 일상에서 부딪히는 모든 것이 다 걱정거리다. 특히 요즘은 전쟁에 대해 두려움과 위협을 많이 느낀다. 우리 사회는 알게 모르게 3대에 걸쳐서 전쟁의 위협에 놓여있다.

생명에 대한 위협, 그보다 더한 두려움은 없다. 매일의 삶에서 살아남아야 한다는 생존욕구와 나부터 살고 보자는 경쟁심의 근원은 그 뿌리가 깊다. 그래서 때로는 '인생보다 일상이 더 힘들다'는 생각이 든다. 삶 속에서 일어나는 과제들을 해결하고 마음을 조절하는 것은 쉬운 일이 아니다.

'내가 이 일을 잘 마칠 수 있을까? 사람들은 나에 대해서 어떻게 생각할까? 늙고 병들면 누가 나를 돌봐줄까?'

우리는 하루에도 수만 가지 불안한 생각 속에서 지낸다. 특히 해외에 나가서 사는 사람들은 고향 본토를 떠나 그동안 의지해왔던 것들과 익숙한 가족과 직업을 떠나 새로 시작하려다 보니 당장 생계부터가 불안하다.

가장 기본적인 생존에 대한 불안이 있을지라도 주님께 의지할 때 광야의 축복이 찾아온다. 성경은 광야를 축복이라고 말씀하지만 내 삶 속에서 그것을 어떻게 견뎌내고 이길 수 있는지, 잘 지낼 수 있는지는 또 다른 이야기다.

내 몸이 어떻게 불안을 느끼고 하나님을 믿고 의지하느냐는 바로 일상의 싸움이기 때문이다. 나는 그것을 '불안과 잘 지내는 법'이라고 표현해보았다. 불안은 모르는 척할 수가 없다. 그것은 매일 나와 함께 숨 쉬고 있다. 불안과 어떻게 잘 지낼지 지혜가 필요하다.

그러면 왜 불안은 없어지지 않는가? 위협을 느끼는 상황에서 꼭 필요한 자기 보호의 방어기제이기 때문이다. 불안하면 심장이 뛰고 손에 땀이 나고 입이 바짝바짝 타들어간다. 이렇게 긴장상태를 유발하는 이유는 눈앞에 닥친 일들을 잘 헤쳐 나가기 위한 준비태세가 필요하기 때문이다.

내일 시험을 친다고 생각해보자. 밤에 잠이 잘 오지 않는다. 시험에 대비해서 긴장하기 때문에 공부하라고 잠이 안 오는 것이다. 나도 강의나 발표가 있으면 밤늦게까지 준비하거나 아침 일찍 일어나 준비하게 된다.

요즘은 원시시대와는 다른 위협이 우리에게 존재한다. 맹수에게 쫓기지는 않지만 생존을 보호하고자 하는 기능은 동일하다. 이렇게 불안은 나쁘기만 한 것이 아니라, 순기능도 있다.

우리의 뇌 속에는 불안과 공포를 담당하는 '편도'라는 곳이 있다. 시상하부, 편도, 전두엽은 감정과 연관된 뇌의 영역들이다. 편도는 공포를 느끼면 굉장히 압도된다. 그래서 공포가 사라지기까지 오랜 시간이 걸린다.

그렇다면 두려움이라는 자극에 압도된 뇌를 어떻게 잠재울 수 있을까? 역으로 균형을 잡기 위해 긍정적인 것들로 편도체를 활성화시켜 줘야 한다. 하지만 이미 불안에 압도되면 때가 늦는다. 그러므로 불안하지 않은 평상시가 중요하다.

빈도도 중요하다. 한 번의 행복감을 통해 불안이 상쇄되지 않기 때문이다. 매일 작고 사소한 행복을 느껴야 하는데, 요즘 이것을 "소확행"이라고 부른다. '작지만 확실한 행복'이라는 뜻이다.

일상 속에서 큐티를 하면서 말씀의 즐거움을 느끼기도 하고, 커피 한 잔을 마시면서 혀끝을 맴도는 맛을 느끼기도 한다. 어떤 여자들은 갓 구운 빵의 냄새를 맡으면서 행복해한다. 강아지를 안아주고 털을 쓰다듬으면서 사랑을 느끼기도 한다. 남자들은 세탁 후 잘 다려진 셔츠를 입을 때 상쾌하다고 한다. 이렇게 확실한 행복들이 있을 때 미리 불안을 상쇄시킬 준비가 된다.

불안에 압도당하지 않는 법

성경에는 극심한 불안을 겪는 이들의 이야기로 가득하다. 죽음의 위협과 역동적인 모험들, 신적인 개입 그리고 불안과 두려움으로 가득한 개인의 감정 묘사가 마치 영화의 감동처럼 전해진다. 어떤 사람이 불안을 더 심하게 느낄까?

어릴 적 경험의 영향력은 아무도 부정하지 못한다. 어려서 가정폭력이나 부모와 이별을 경험한 사람들은 좀 더 불안에 취약하다. 같은 상황이더라도 불안이 더 크게 엄습해온다. 개인적인 특성이기에 그를 비난할 수는 없다. 단지 스스로 이런 약점이 있다는 점을 염두에 두고 보완점을 생각하면 된다.

불안과 잘 지내려면 아래의 다섯 가지를 꼭 기억하자.

: 스트레스의 힘, 불안의 긍정적인 기능을 기억하자

켈리 맥고니걸(Kelly McGonigal)이라는 학자는 《스트레스의 힘》에서 불안과 스트레스에 대한 연구를 발표했다. 과거의 연구들은 스트레스가 정신적인 질병과 신체적인 질병의 원인이 된다고 했기 때문에 사람들은 스트레스를 받을 때마다 두려웠다.

'스트레스 때문에 문제야. 이 직장에서 스트레스를 많이 받으니 그만둬야겠어.'

하지만 다른 직장으로 간다고 스트레스가 없겠는가. 켈리 맥고니걸은 스트레스를 안 받고 살 수 없다면 그것을 유익한 것으로 받아들여야겠다는 생각을 했다. 그래서 연구 디자인을 할 때

연구대상들에게 '스트레스가 유익하며 스트레스가 있으면 생존을 잘할 수 있다'는 사전 교육을 시켰다.

그 후 불안을 측정하는 실험을 하자 부정적인 영향력이 굉장히 감소했다고 한다. 스트레스를 '잘 생존하기 위한 반응'으로 이해한 것만으로도 불안을 덜 느끼고 그 영향력으로부터 자유로워졌다는 결론이다.

사실 우리는 승진이나 결혼과 같은 기쁜 일에도 스트레스를 많이 받는다. 결국 변화에 적응하려는 우리 몸의 변화가 불안인 것이다. 불안에 대한 생각만 바꿔도 우리 몸에 미치는 부정적 영향력이 훨씬 줄어들 수 있다는 것을 염두에 두자.

: 불안은 없앤다고 없어지지 않는다

그러기에 가장 두려워하는 것을 오히려 직면하라고 말하고 싶다. 사람이 두려울 때 보이는 첫 반응은 회피이다. 우리는 연약한 자신의 모습을 보기 싫어한다.

정신분석가 융은 "진정한 성장은 두려운 부분, 그림자부터 시작된다"라고 했다. 크리스천들은 자신의 그림자를 보지 않으려는 경향이 있다. 선한 크리스천이 되어야 한다는 생각에 자신의 죄성과 완벽하지 못한 모습을 숨기고 싶어 한다.

우리 모두 연약한 부분을 가지고 있다.

'나는 불안을 많이 느끼는구나. 화를 잘 내는구나. 감정이 급격하게 가라앉기 쉽구나.'

자기 자신의 모습을 제대로 알고 인정해야 한다. 그때부터 변화와 성장이 시작되기 때문이다. 우리는 두려움을 느낄 때 실제 상황을 잘못 해석하는 경향이 있다. 상황은 A인데 내가 인식하는 것은 A+이거나 심지어는 B까지 생각하게 된다. 완전히 왜곡해서 말이다.

회사를 그만두게 된 30대 남성을 상담한 적이 있었다. 그는 회사를 그만두겠다고 결심한 다음에 가장 먼저 신용카드를 한꺼번에 다섯 장이나 만들었다. 직장이 없으면 신용카드도 만들기 어렵고, 그러면 생계형 소비조차 못하게 될 것이라는 공포 때문이었다. 계속 직장이 없을지도 모른다는 견디기 어려운 불안이 이런 행동을 하게 만들었다.

: 불안을 쉽게 느끼는 사람일수록 자기 비난을 멈추어야 한다

그들은 자신의 약한 모습을 발견하면 스스로에게 화살을 한 번 더 쏜다.

'이렇게 한심할 수가…. 겨우 그까짓 일에 불안해하다니. 남들은 아무렇지도 않잖아. 왜 이렇게 소심한 거야? 정말 문제 있어. 내가 그렇게 불안해하는 걸 다른 사람들이 알면 어떻게 해!'

안타깝게도 이런 생각이 스스로를 더 불안하게 만든다. 나를 불안하게 만드는 사람은 남이 아닌 바로 나 자신이다. 사회 불안이 높은 사람일수록 자기 비난을 하는 경향이 높다.

'내 가장 좋은 친구는 바로 나'가 되어야 하는데, 불안으로 쪼

그라든 자아를 공격하는 사람이 내가 되어버린다.

의외로 많은 사람들이 발표 불안을 경험한다. 유명 아나운서나 대기업 강연자들도 병원을 찾아온다. 그들의 한결같은 이야기는 누군가 자신의 목소리가 떨리는 것을 알아챌까 봐 긴장되어 힘들다는 것이다.

발표를 시작하면 처음 10여 분만 불안도가 급격하게 상승하고 점차 사라지는 것이 일반적이다. 하지만 발표 불안을 겪는 사람들은 10여 분이 지나도 불안지수가 떨어지지 않는다. 신경이 곤두서 있기 때문이다.

발표 불안으로 상담 오는 사람들은 발표를 못하는 이들이 아니다. 이들은 발표할 때 누구나 떨며, 자기만의 문제가 아니라는 것을 아는 것이 중요하다. 초기 불안반응을 약간 줄여주는 약물의 도움을 받아도 끝까지 발표를 이어나갈 수 있다.

나만큼은 계속 내 편이 되어주어야 한다. 다이어트를 할 때에도 마찬가지다.

'그것 봐. 너 또 먹었어. 이러니 다이어트가 되겠니? 계속 그러다가는 평생 살을 못 뺄 거야.'

내 편이 되어주어야 하는데 자신을 계속 공격한다.

'오늘 먹고 싶은 것을 잘 참았으니까 내일은 나한테 상을 줘야지. 달달한 커피 한 잔 마시자.'

이렇게 내 몸을 달래가며 좋은 친구관계로 다이어트 할 때 성공할 수 있다.

: 불안이 오면 생각에 갇히지 말고 차라리 몸을 써라

대부분의 사람들이 불안에 휩싸이더라도 시간이 지나면 금방 잊어버리거나 무시하는 데 비해 불안장애가 의심되는 사람들은 생각이 너무 많다.

'이런 생각을 하면 안 돼. 멈춰야만 해. 이런 생각이 계속되다니 나는 문제가 많아.'

별별 생각을 다 한다. 강박장애를 앓는 크리스천이 이런 이야기를 했다. 예배시간에도 가끔 음란한 생각이 들고, 어떤 사람이 너무 미워서 그를 해치고 싶은 생각마저 든다고. 강박적 사고는 그 생각이 옳지 않다는 것을 알지만, 생각을 안 하려고 할수록 계속 떠올라서 괴롭다.

크리스천들의 강박은 죄책감이 항상 따라온다. 크리스천이기 때문에 나쁜 생각을 해서는 안 된다는 생각이 추가되기 때문이다. 어떤 환자들은 그런 이유로 신앙을 떠나기도 한다. 그들은 교회에 가지 않으니 오히려 마음이 편하다고 한다.

신앙이 내 인생에 방해가 되는 것이 아니라, 독감에 걸렸을 때 예배에 집중하지 못하는 것처럼 마음의 병부터 치료를 해야 신앙이 회복될 수 있다.

걱정과 강박이 많은 사람들은 생각중독자이다. 생각만 하다가 인생이 끝나버린다. 그런 사람들에게는 생각을 멈추고 차라리 몸을 쓰라고 조언한다. 스트레스를 받는다면 몸을 바쁘게 움직여라. 음식을 준비하고, 빨래나 청소를 하고, 밖에 나가서 산책을 하고, 땀 흘려 운동을 하다 보면 뇌도 밸런스를 찾게 되고 생각도 정리된다. 몸을 쓰는 것이 일종의 약물복용 효과를 낸다고 한다. 교감신경과 부교감신경의 균형을 맞춰주면 불안이 경감된다는 논문도 있다.

: 불안하거나 힘들 때 눈물을 아끼지 마라

평창 동계올림픽 때 이상화 선수의 눈물을 기억할 것이다. 그녀를 보며 나도 같이 눈물이 났다. 눈물을 흘리는 사람을 보면 우리는 어떻게 반응하는가?

"울긴 왜 울어? 회사에서 울다니 제정신이야!"

눈물은 감정을 정화한다. 눈물을 통해 상한 감정의 독소가 빠져나온다. 어떤 사람들은 너무 불안하거나 슬프고 화가 나는데도 눈물이 나오지 않는다. 이런 상태는 매우 중증이다. 눈물은 의학적으로 옥시토신, 오피오이드와 같이 고통을 감소시키는 역할을 한다. 그래서 실컷 울고 나면 속이 시원해지는 기분이 든다.

우는 사람을 보면 공감해주어야 한다.

"서러웠구나. 고통스러웠구나. 너무 힘들었구나."

상담자는 눈물을 뚝뚝 흘리는 사람에게 곧바로 티슈를 건네지 않는다. 눈물을 그치라는 암시가 되기 때문이다. 눈물이 자주 나는 사람들은 스스로 마음 상태를 살펴보아야 한다. 이유도 없이 눈물이 나는 경우는 없다.

새벽기도 시간에 눈물로 부르짖는 사람들을 본다. 시편 말씀은 "하나님 앞에 마음을 토하라"라고 권면한다(시 62:8 참조). 눈물로 부르짖을 때 중심에서 말이 나오고 기도가 시작된다. 어떻게 하나님 앞에서 내 마음을 꺼내놓고도 눈물이 안 날 수 있을까!

두려움을 정면돌파하라

비정상적인 두려움은 대부분 사실에 근거하지 않는다. 사실보다 과대해석되기 때문에 일어난다. '나는 이 두려움을 이겨내지 못할 거야'라는 두려움(fear)은 '몸과 마음을 방해하는 이 기분은 사실과는 상관없어'라는 사실(fact)로 맞서야 한다.

비행기 공포증을 가진 한 연예인 내담자가 K-pop 공연을 위해 외국에 나가야 했다.

'비행기를 타는 내내 가슴이 답답하고 숨이 막힐 거야. 중간에 내리지도 못하는데 어쩌지? 이 두려움을 이겨내지 못할 거야. 심장이 마구 뛰어서 죽을지도 몰라. 이번 여행은 포기해야겠어.'

그는 두려움에 휩싸여 있었다. 자기가 컨트롤하지 못하는 상황에서 이런 두려움이 심해지면 공황발작까지 온다. 하지만 이 반응이 계속 가는 것은 아니다. 죽을 것 같은 공포도 30분에서 1시간 정도면 사라진다. 예방약을 먹으면 공황발작은 일어나지 않거나 시간이 매우 짧아진다.

'절대로 죽음으로 이어지지 않아. 죽고 사는 것은 하나님의 손

에 달려있어. 하나님이 정해주실 거야.'

이런 생각으로 맞서야 한다. 공황장애를 겪는 이들의 어려움은 아무도 모른다. 연예인 중에서 이것 때문에 방송을 중단한 사람들도 있었다. 하지만 공황장애로 죽는 사람은 없다. 죽을 것 같은 느낌일 뿐이다.

내가 아는 한 의사도 새벽에 이유 없이 죽을 것 같은 느낌에 응급실로 뛰어갔다. 그는 심장마비나 부정맥으로 꼭 죽을 것 같다며 심장 검사를 빨리 해달라고 했단다. 검사결과는 정상이었고, 곰곰이 생각해보니 자신의 상황이 꼭 공황장애 같아서 순간 부끄러웠다고 한다. 이후 그는 공황장애 약을 먹고 좋아졌다.

공황장애가 주는 느낌은 사람을 속인다. 혹시 공황장애를 앓고 있다면 한 가지 사실을 명심하자. '죽을 것 같은 느낌'일 뿐이다. 여기에 우리는 사실로 맞서야 한다.

우리나라나 일본과 같은 집단문화에서 특히 흔한 불안이 있다. 바로 대인공포, 즉 사회공포증이다. '사람들이 나를 보면 뭐라고 할까?'라는 두려움은 '나는 하나님을 기쁘시게 해야지. 사람들 칭찬에 너무 신경 쓰지 말자'라는 사실로 대체해야 한다.

생각보다 사람들은 남에게 별로 신경 쓰지 않기 때문이다. 그럴 시간도 없다. 그런데 우리는 사람을 기쁘게 하느라 시간을 낭비한다. 나를 좋아하는 사람도 있고 싫어하는 사람도 있다. 어떻게 모든 사람이 다 나를 좋아할 수 있겠는가. 그런 일로 상처받지 말

자. 다른 사람들에게 신경 쓰지 않기로 작정할 때 대인공포증에서도 벗어날 수 있다.

인구 밀집 지역에서 흔한 공포는 폐쇄공포증이다. 닫히거나 좁은 곳에 있으면 답답하며 밖으로 나가지 못할 것 같아 두렵다. 엘리베이터, 영화관, 터널 등에서 이런 증상이 잘 일어난다. 우리 병원 근처에 대형 백화점이 있는데 간혹 그곳에서 숨이 잘 쉬어지지 않는다며 급히 찾아오는 이들도 있었다.

그들은 스스로 조절할 수 없는 상황에 놓이는 것을 견디지 못한다. 그들은 자기조절감이 매우 강한 사람들로, 자기가 조절할 수 없는 상황에서 힘들어한다는 것을 알면 도움이 된다. 그런 상황을 접할 때 마음으로 미리 준비해야 한다. 그러나 사람들은 항상 최악의 시나리오를 상상한다.

'이렇게 사람이 많은 데서 불이 나면 어쩌지? 지하철이나 엘리베이터에서 잘못되면 어쩌지? 터널에서 차가 멈추면 어쩌지?'

먼저 통제권을 내려놓자. 이런 사람들에게 신앙은 굉장히 중요한 역할을 한다. 내 통제권을 내려놓고 '오로지 의지할 분은 하나님 한 분'이라는 사실을 기억하라.

전쟁공포증도 무시 못 한다. 우리나라의 상황이 이렇다 보니 걱정하는 사람들이 많다. 하지만 전쟁의 주체는 하나님이심을 믿고 평안을 찾아야 한다.

가족이 불안으로 힘들어하면 어떻게 대해야 하는지 묻는 이들도 많다. 불안을 정면돌파할 때 가족은 큰 힘이 된다. 우선 공감해주라.

"너 원래 이렇게 겁쟁이니? 그냥 해! 비행기를 타보라고."

그들에게는 꾀병이 아니라 실제 상황이다. 겁쟁이라서 그런 것이 절대 아니다. 그러니 격려해주어라. 기다려주면서 어떻게 도와주면 좋을지 물어보라. 때로는 동행해주어야 한다. 비행기, 운전, 발표와 같은 공포 상황에 혼자 맞서게 하지 말고 함께해주면 큰 힘이 된다.

또한 노출을 통해 단계별로 천천히 조금씩 시도하게 하라. 자동차 운전을 힘들어한다면 거리를 정해두고 오늘은 여기까지, 내일은 좀 더 먼 거리를 운전하게 해보라. 옆에서 계속 괜찮은지 살피면 다시 불안을 상기시키는 일밖에 되지 않는다. 또한 실패하더라도 실망하거나 탓을 하지 마라.

"도저히 못 있겠어서 영화관에서 뛰쳐나왔어요."

이런 말을 들으면 인간이다 보니 치료자도 실망할 때가 있다. 하지만 너그러운 태도를 가지라. 최악의 경우를 생각하지 말고 원점에서 다시 시도할 수 있게 해보자.

가장 큰 두려움

사실 두려움 중에 가장 큰 두려움은 '상처받기 싫은 마음'이다. 남에게 잘해주는 것도 누구를 위해 잘해줬는가가 중요하다. 다른 사람에게 버림받기 싫고 상처받기 싫은 마음에 자신이 원하는 것보다 타인이 무엇을 원하는지 더 신경 쓰는 사람들이 많다.

이것을 '타향지향성'이라고 하는데, 내 삶의 주인이 내가 아닌 다른 사람이 된다. 조력자 증후군, 착한 아이 콤플렉스가 여기에 속한다.

조력자 증후군인 사람은 '누군가를 도와야만 사랑받을 수 있다'는 생각으로 오지랖 넓게 행동하다가 상처를 쉽게 받는다. 착한 아이 콤플렉스를 가진 사람은 다른 사람의 요구를 거절하지 못하고 들어주다가 소위 '호구'가 된 느낌을 받는다. 그러면 관계에 대한 불안이 높아져 새로운 사람과 관계 맺기를 회피하는 관태기(關怠期)가 찾아온다. 혼자 지내는 시간이 더 편하다는 것이다.

사람들에게 상처받기 싫어서 스마트폰으로 피상적인 관계만 한다. 1인 가구가 점점 늘어나는 것, 결혼을 하지 않으려는 추세도 여기에 해당된다. 공무원 시험에 사람들이 몰리는 이유도 불안하기 때문이다.

본인의 선택인 경우도 많지만, 부모의 불안에 의한 선택인 경우도 많다. '우리 아이 공무원 만들기'가 부모가 자녀에게 해줄 수 있는 최선의 프로젝트가 되어버렸다.

실제로 내게 상담 받던 한 자매가 플로리스트가 되고 싶어 하기에 너무 좋은 직업이라고 격려해주었다. 예쁜 꽃들을 많이 볼 수 있고, 누군가를 축하하는 일에 내 작품이 사용된다면 얼마나 좋은가!

하지만 이 자매는 아버지의 반대에 부딪혔다. 그리고 공무원 시험을 2년간 준비했다. 꽃에 관심이 있는 자매가 공무원 시험이 적성에 맞았을까? 창의적인 직업을 원하는 사람이 앉아서 암기만 해야 하는 공부가 맞지 않았을 것이다.

이 자매에게는 남보다 뒤처질 것에 대한 두려움과 아버지에게 인정받지 못할까 봐 염려하는 마음이 있었다. 그래서 "아버지, 저 공무원 되기 싫어요. 제가 좋아하는 꽃 만지면서 살래요"라고 말하지 못했다. 자기도 자신을 믿지 못했기 때문이다. 자신감이 없었고, 어려서부터 사랑받는 장녀였기에 무의식적으로 아버지의 인정을 못 받는 것을 견딜 수 없었다.

이런 사람들은 '내가 무엇을 원하는가'보다 '남이 내게 무엇을 원하는가'가 더 중요하다. 타향지향성의 문제는 '나 자신'이 없어지므로 행복감이 사라지는 데 있다. 그러니 아무리 남 보기에 좋은 직업을 가지고 있어도 속은 늘 허전할 수밖에 없다.

이렇게 직업을 선택하다 보니 우리나라의 행복지수가 낮은 것일지도 모른다. 상대적인 결핍감과 빈곤감만 더 커진다. 다른 사람에게 보여지는 삶이 중요하다 보니 지금 여기(here and now)에서 누리는 행복감이 없고 늘 후회하거나 미래를 걱정한다.

또한 남을 신경 쓰다 보면 착한 역할을 해야 한다는 강박이 생기기 쉽다. 합당한 보상이 없어도 계속 남을 도와야만 마음이 편하다. 특히 크리스천 중에 이런 사람이 많다. 강박적으로 헌신해야 마음이 편해진다. 내가 이렇게 말하면 어떤 사람은 반문한다.

"그러면 교회에서 봉사도 하지 말까요?"

그런 말이 아니라 '과연 누구를 위해 잘해줬는가'를 생각해보자는 것이다. 내가 누군가를 위해 희생을 하고 봉사를 했다고 하자. 그 봉사와 희생은 어떤 대상을 위한 것인가 아니면 공동체를 위한 것인가?

이런 사람들의 바탕을 보면 허기진 자기애적 욕구가 있다. 욕구가 채워지지 않은 자기애적 사랑이다. 진공청소기처럼 흡입하고 싶은 배고픔과 허기짐이 있다. 겉으로는 선행을 하며 남에게 베풀지만 결국은 자기의 허기짐을 채우고 포장하고 인정받고 싶어 한다. 그런 사람들은 실족도 잘한다.

진정으로 변화되기 전의 베드로가 대표적이다. 그에게는 예수께 인정받고 싶은 강한 욕구가 있었다. 제자들 중에서 1번이 되고 싶었다. 그래서 발을 닦아주신다는 예수님의 말씀에 괜찮다며 손사래를 쳤다.

예수님이 "내가 너를 씻어주지 아니하면 네가 나와 상관이 없느니라"라고 말씀하시자 이번에는 자신의 몸을 다 씻겨달라고 청했다(요 13:1-10 참조). 이런 베드로도 예수님의 진정한 사랑과 성령 체험을 하고 난 후에 180도로 바뀌었다.

현대인의 불안은 외부에 있는 것이 아니다. 환경의 영향도 있겠지만 내 안의 두려움이 가장 크다. 그것을 억누르다 보면 사역도 잘하지 못하고, 은사와 재능도 발휘하지 못하는 경우가 있다. 플로리스트 일을 하고 싶어 했던 그 자매 역시 하나님이 자신에게 주신 재능을 펼쳐야 하는데 억누른 것이다.

존 비비어는 《두려움》에서 "두려움은 영적 권세를 포기하고 하나님의 능력을 잠재운다"라고 했다. 달란트 비유에서도 한 달란트를 받은 종이 아무것도 하지 않았던 이유는 두려워서였다.

결국 주인에게 "게으르고 악한 종"이라고 꾸지람을 들었다(마 25:26). 게으른 것은 알겠지만, 왜 악하다고까지 했을까? 영적 권세를 포기하고 하나님의 능력을 잠재운 것이 바로 '악한 것'이다.

직장을 선택하거나 퇴사를 결정할 때 결정장애를 보이는 것도 두려움 때문이다. 완벽한 결정을 내리고 싶어서 선택을 못한다.

20대와 30대의 주요 고민은 자신의 적성에 맞는 일을 찾는 것인데, 저마다 하나님의 뜻을 잘 모르겠다고 한다. 나는 기도는 하되, 일상적인 것이나 지혜를 무시하지 말라고 조언한다.

내가 하고 싶은 일, 좋아하고 즐기는 일이 무엇인지 스스로 질문해보라. 이분법적인 사고에 머물다 보니 더욱 선택을 하지 못하는 경우도 있다.

"A사에 가야 할까요, 아니면 B사에 가야 할까요?"

그러나 둘 다 좋은 선택일 수 있다. 아니면 제3의 대안이 있을 수도 있다.

자기 부인이 두려움을 이긴다

그렇다면 두려움을 어떻게 이겨낼 수 있을까? 존 비비어는 "성령의 계시로 하나님의 마음을 소유해야 한다(근신하는 마음)"라고 말한다.

하나님이 우리에게 주신 것은 두려워하는 마음이 아니요 오직 능력과 사랑과 근신하는 마음이니 딤후 1:7, 개역한글

여기서 "근신하는 마음"은 여러 가지 의미가 있겠지만 나는 '하나님과 합한 마음'이라고 생각한다. 하나님의 심정을 갖고 하나님의 시선으로 바라보라. 그러면 두려움이 어느 정도 없어진다. 두려움은 영에 속한 것이다. 어떻게 보면 불신의 결과이기도 하다. 그렇기 때문에 기도가 필요하다.

주위를 둘러보면 사람을 두려워하고 하나님을 두려워하지 않는 이들이 많다. 하지만 우리는 하나님을 가장 두려워해야 한다.

너는 어떠한 자이기에 죽을 사람을 두려워하며 풀같이 될 인자를 두려워하느냐 하늘을 펴고 땅의 기초를 정하고 너를 지은 자 여호와를 어찌하여 잊어버렸느냐 사 51:12,13, 개역한글

우리가 두려워해야 할 존재는 풀같이 사라질 사람인가, 아니면 이 땅의 기초를 세운 분인가? 비교가 되지 않는다. 결국 두려움의

원천은 이기심, 즉 자기 자신에 대한 사랑이다. 성경에서 말하는 "목숨을 얻고자 함"이 바로 이기적인 욕구다(마 10:39 참조).

우리는 조금도 다치기 싫어하고, 손해 보기 싫어하고, 피해 보기 싫어한다. 어린아이처럼 아직도 '나'에게만 국한되어 있다. 두려움과 불안의 근본 죄성은 내 안에 있다.

세상의 풍습에 휩쓸리지 말고 강하고 담대하라. 그러면 때로는 미련해 보일 수도 있다. 빨리 돌아가는 이 세상의 트렌드에 맞추지 못하기 때문이다.

얼마 전 지방에서 목회를 하는 친구를 만나러 갔다. 그 친구 말이 예전에는 여러 사역을 많이 벌였다고 한다. 후원 교회에 보고를 해야 했기 때문이다. 이것이 항상 어깨에 무거운 짐처럼 느껴졌다고 한다. 그런데 이 친구가 배신을 당했다. 그러면서 하나님 앞에 거꾸러져 하나님이 아닌 사람을 두려워한 자신의 이기심을 회개했다.

그리고 미련하게 조용히 기도만 하며 사역지를 지키는 시간을 갖기로 했다. 남들 눈에는 게을러 보이고, 사역은 하지 않고 뭐하는 거냐고 비난받을 수 있다. 나는 그 친구에게 이런 이야기를 해주었다.

"어떻게 보면 지금 미련한 것이 하나님을 두려워하는 올바른 자세야. 웅크린 시간이 네게 꼭 필요한 것 같다."

예수님을 따르고 싶은 마음만으로는 부족하다. 자기 부인이 선행되어야 한다. 세상에 휩쓸리지 말고 내 욕심과 자기애를 내려놓

자. 불안한 마음, 손해 보고 싶지 않은 마음, 다른 사람에게 상처 받고 싶지 않은 마음도.

나는 그 친구에게 "사실은 내 뜻대로 하려는 것이 진짜 미련한 짓일 거야"라고 말했다. 내 뜻대로 하려고 하고, 조금이라도 손해 보지 않으려고 하고, 조금 더 취하려고 하고, 남들에게 뒤지지 않으려고 애쓰는 것이 어찌 보면 가장 미련한 짓이다.

다윗과 사울도 그러했다. 다윗은 항상 하나님의 말씀대로 움직였지만 사울은 어떠했는가? 자기가 판단하고 먼저 움직였다. 애를 많이 쓰고, 수고도 했지만 결국 인정받지 못한 대표적 인물이 사울이다.

주변은 불안하고 우리는 그 두려움에 싸여있다. 그래서 자기를 보호하려는 자기애의 욕구가 늘 우리를 괴롭힌다. 그러나 항상 마음을 굳건히 하고 우리를 속이지 않으시는 하나님을 끝까지 믿고 의지하자.

불안과 잘 지내려면

✚ 스트레스의 힘,
불안의 긍정적인 기능을 기억하자.

✚ 불안은 없앤다고 없어지지 않는다.

✚ 불안을 쉽게 느끼는 사람일수록
자기 비난을 멈추어야 한다.

✚ 불안이 오면 생각에 갇히지 말고
차라리 몸을 써라.

✚ 불안하거나 힘들 때
눈물을 아끼지 마라.

Q

엄마와 관계가
좋지 않은데 어떻게 하죠?

A

서로에게
지나친 바람과 기대를 줄이세요.

모든 관계에는 법칙이 있습니다.
그것이 가장 가까운 가족,
나를 낳아주고 길러주신 엄마여도 말입니다.
엄마와 자녀의 관계는 참 묘해요.
성인인 자녀를 독립된 인격으로
생각하지 못하는 경우가 빈번합니다.
그래서 엄마와 자녀가 서로 상처받습니다.

자녀는 "엄마 때문에 너무 힘들고 속상해요"라고 하고,
엄마도 "내가 낳은 자식이지만,
날 너무 힘들게 해요"라고 하죠.
서로에게 바람과 기대를 줄이세요.
언제까지나 자녀가 부모 마음대로 움직여주지 않습니다.

또 부모가 자녀의 모든 문제를 해결해주고
늘 위로해줄 수도 없어요.
자녀는 부모를 공경하고, 부모는 자녀를 노엽게 하지 말라는
말씀이 성경에 있습니다(엡 6:2,4 참조).
서로 최소한의 예의를 지키되,
굳이 친해지려고 애쓸 필요는 없습니다.

이 세상에는 나랑 잘 통하는 사람도 있고,
그렇지 않은 사람도 있으니까요.

'엄마와도 잘 지내지 못하는 내가
누구와 잘 지내겠어?'라는 생각은 하지 마세요.
오히려 남과 더 잘 지낼 수도 있습니다.
엄마와 잘 맞으면 더욱 좋겠지만,
그렇지 않더라도 죄책감을 갖거나
자신에게 비난의 화살을 쏠 필요는 없습니다.
가족처럼 끊을 수 없는 관계도
물리적, 심리적 거리를 두어서
나를 보호하는 것이 먼저입니다.
그래야 관계를 지속할 힘이 생기기 때문이죠.

상처받지
않고
끝까지
사랑하기

3
PART

건강한 삶의 리듬을
회복하라

chapter 8

아름다운 몸의 회복
: 불면증, 폭식, 비만

"오늘은 불필요한 음식을 먹지 않게 해주십시오. 하나님만을 생각하고 다른 쓸데없는 것들 때문에 스트레스 받지 않게 해주십시오."

스트레스 안 받고 살 빼기

정신과 의사가 비만에 대한 얘기를 하면 이상하게 생각하는 사람들이 있다. 그러나 정신과 교과서에서도 엄연히 비만을 다룬다. 살찌는 것은 뇌의 작용, 즉 기분과 스트레스와 연관이 깊기 때문이다.

많은 여성과 상담하면서 50퍼센트 이상이 살찐 것, 외모가 초라해지는 것, 나이가 들면서 매력이 없어지는 것 등 외모 콤플렉스로 괴로워한다는 것을 알았다. 그로 인해 학업이나 하고 싶은 일, 직장생활, 결혼에 지장이 생길 정도다.

우리 병원은 비만클리닉을 함께 운영하고 있다. 클리닉에 찾아오는 연령층은 초등학생부터 노년까지 다양하다. 노인들은 살이 찌니 무릎이 아프다고 오신다. 초등학생들은 살찌면 애들이 놀리고, 성조숙이 나타나거나, 성장판이 닫혀 키가 크지 않을까 봐 온다. 주부들 중에는 뚱뚱한 엄마가 학교에 오는 것이 창피하다는 자녀의 말에 충격 받아서 온 사람도 있다.

사역자들도 많이 온다. 한 전도사님은 하루에 대여섯 집을 심방하며 간식과 음료수를 대접받다 보니 살이 찔 수밖에 없다고 했다. 게다가 심방을 마치고 늦은 시간에 집에서 야식까지 먹다 보니 체중이 20킬로그램이나 늘어 고지혈증과 당뇨, 두통 등이 생겼다고 한다. 오죽하면 외국에는 '크리스천 다이어트'라는 이름이 따로 있을 정도다.

"오늘은 불필요한 음식을 먹지 않게 해주십시오. 하나님만을 생각하고 다른 쓸데없는 것들 때문에 스트레스 받지 않게 해주십시오."

이렇게 기도하며 불필요하게 찐 살을 관리하는 것이 가장 좋다. 내 팔과 다리는 예쁜 원피스나 짧은 반바지를 입기 위해서만이 아니라, 일상을 살아내며 하나님의 일을 하기 위해 있는 것이다.

그런데 사람들은 "저주받은 팔과 다리"라며 못살게 군다. 여자 사우나에 가보면 뱃살을 빼려고 멍이 들 정도로 자기 배를 마구 때리는 사람들이 있다. 그렇게 한다고 살이 빠지지 않는다. 그건 자신의 몸을 미워하는 행위다.

어떻게 하면 스트레스 받지 않고 다이어트를 할 수 있을까? 여기서 말하는 '다이어트'는 육체적인 것뿐만 아니라 심리적인 것도 포함한다. 스트레스 다이어트, 영적인 다이어트도 매우 중요하다.

요즘 심플 라이프, 미니멀리즘(minimalism)이 유행이다. 삶을 단순화하고 최소화하자는 것이다. 반찬도 한두 가지만 놓고 먹고, 옷도 몇 가지로 번갈아가며 입자고 한다. 정리 전문가들은 3년 동안 입지 않은 옷은 다 버리라고 조언한다. 하지만 우리는 유행이 돌고 돈다고, 살을 뺀 후 입을 거라며 버리지 못한다.

음식도 마찬가지다. 어찌 보면 배고픈 것은 위장이 아니라 뇌다. 식욕을 일으키는 뇌 부위와 분노와 성욕을 일으키는 뇌 부위가 같다. 시상하부에서 우리의 기분을 좌지우지하며 그 모든 것들이 다 식욕에 영향을 미친다.

다이어트가 어려운 이유는 식욕이 내 마음대로 되지 않기 때문이다. 그런데 본능은 억누르고 억압하고 금지시키면 더 당긴다. 파란 코끼리를 머릿속에 그려보라. 다 그렸으면 이번에는 지워보자. 힘들다. 파란 코끼리를 생각하지 말자고 하는 순간 계속 떠오른다.

다이어트도 이와 같다. "오늘부터 햄버거, 피자, 라면은 안 먹을 거야. 살 빼야 돼" 하는 순간, 햄버거 가게만 보인다. 잘 먹지도 않던 라면 냄새가 막 나는 것 같다. 뇌에서 오는 가짜 식욕이 문제다. 그래서 다이어트가 힘들고, 작심 3일이 된다.

"전 먹는 것을 조절 못해요. 다이어트 한다고 병원까지 다니는 제가 한심해요."

나는 이런 이들에게 본능은 이기기가 힘들다고 말해준다. 차라리 한 끼는 원하는 것을 먹고, 나머지 끼니 중에서 불필요한 커피

믹스나 음료수를 줄이라고 권한다. 낮에는 참고 참으며 먹지 않다가 집에 돌아와서 아무도 없을 때 먹고 자는 것이 살찌는 원인이다. 그런 습관을 고치는 것이 중요하다.

마음의 허기는 음식으로 채워지지 않는다

본능의 뇌와 이성의 뇌가 싸우면 무엇이 이길까? 이성의 뇌가 완전히 이길 수 없다. 아무리 이성적인 인간이어도 그렇다. 이 싸움에서 지고 오는 사람들을 위로하는 것이 바로 비만클리닉을 운영하는 정신과 의사의 몫이다.

"저, 오늘 햄버거를 먹고 왔어요."

"먹어도 괜찮아요. 내일부터 좋은 음식을 먹도록 해봅시다."

"운동을 가려고 했는데 너무 귀찮아서 못 갔어요."

"귀찮은 게 당연해요. 대신 내일부터는 한 시간씩 꼭 걷도록 해봐요."

나는 이어폰을 끼고 설교 말씀을 들으며 걷는 것을 좋아한다. 누워서 들으면 머리로만 생각하는데 몸을 움직이며 들으면 효과가 더 크다. 이처럼 육체와 정신의 밸런스가 중요하다.

요즘 디저트 산업이 굉장히 발전했다. 전 세계적으로 불경기일 때 특히 그렇다. 명품은 못 사도 디저트로 호사를 누릴 수 있기 때문이다. 작고 비싼 것을 내게 선물하여 대접한다. 스스로에게 상을 주는 것이다. 또 단것을 먹었을 때 행복한 기운이 올라가기 때문이다. 그러나 단순 당에 의한 행복감은 금방 사그라진다. 또 먹고 싶어진다. 내 첫 책이 《나는 초콜릿과 이별 중이다》이다. 단맛에 중독된 수많은 사람들을 상담하면서 그들이 정말 필요로 했던 것은 단맛이 아님을 알게 되었다. 그들에게는 사랑과 위로, 관심과 따뜻함이 필요했다.

요즘은 이런 것들을 얻기가 어렵다. 가족과 말도 잘 안 하고, 함께 밥도 먹지 않는데 어디서 그런 위로를 받겠는가. 그래서 찾는 곳이 편의점이다. 초콜릿을 사고 젤리를 산다.

프랑스의 보르도대학에서 쥐 실험을 했다. 코카인에 중독된 쥐들에게 코카인을 섞은 물과 설탕의 대체물인 사카린을 섞은 물을 동시에 주었다. 코카인에 중독된 쥐들은 사카린을 섞은 물 쪽으로 향했다. 설탕중독과 마약중독이 같은 효과임을 증명한 유명한 실험이다.

게임중독인 아이의 뇌와 설탕중독인 아이의 뇌를 찍어보면 동일한 부위인 '측핵'이 활성화되어 있다. 설탕도 중독을 일으킨다는 뜻이다. 그래서 선진국에서는 초등학교 주변의 자판기에서 콜라나 설탕음료들을 판매 금지하는 법을 통과시켰다. 아이들이 아무 생각 없이 콜라와 음료수를 마시기 때문이다. 특히 바쁜 엄마들이 단 음료와 과자, 빵들을 많이 사다 놓는다. 미안하기 때문이다.

설탕에 중독된 아이들은 자기도 모르는 사이에 자꾸 찾게 된다. 한번 빠지면 헤어나기 힘들다. 여러 해 동안 상담해보니 음식에 쉽게 중독되고, 나쁜 남자에게 빠지는 사람들의 공통점이 있었다. 그들은 위로받고 싶기에 달콤한 말에 잘 빠졌다.

'식이장애'라는 병이 있다. 먹는 양을 극도로 제한하거나 폭식을 한 뒤에 일부러 구토하거나 설사를 일으키는 약을 먹어 배출하는 이상증상이다. '폭식'은 배가 부른데도 멈추지 않고 계속 먹는 것이다. 입이 심심해서 먹는데, 그렇게 먹는 양이 생각보다 많다. 폭식을 하다 보면 10~20킬로그램은 금세 찐다.

여대생의 20퍼센트가 식이장애를 앓고 있다고 한다. 다이어트 스트레스 때문이다. 그래서 요즘 대학의 화장실에는 "토하지 마세요"라고 쓰여있다고 한다. '씹뱉'이라는 신조어가 생길 정도다. 음식물을 삼키면 살이 찌니 씹다가 뱉는다. 또는 음식을 먹다가 중간에 그냥 버리는 경우도 있다.

아이돌 연예인이 폭식과 다이어트에 시달리고 있다고 고백하는 것을 종종 들을 수 있다. 날씬해야 된다는 강박 관념 때문이다. 어린 나이에 스타가 되다 보니 마음의 공허를 음식으로 채우려는 것이다.

식욕 버리기 연습, 일곱 가지 처방

나는 다이어트의 핵심이 '자존감'이라고 생각한다. 나를 사랑하는 것부터 시작해야 한다. 다이어트를 고통스럽고 힘들게만 여기지 말고 재충전하는 기회로 생각해보자.

좋은 음식을 먹고, 일찍 자고, 충분히 휴식을 취하며 나를 돌아보고, 지치지 않도록 하는 시간이다. '다이어트는 평생 하는 거야. 나를 돌보고 내 몸을 챙기는 거야. 하나님이 주신 몸을 불필요한 지방 없이 깨끗이 청소해야지'라고 생각하면 도움이 된다.

나는 《식욕 버리기 연습》(마리아 산체스 지음)의 감수글을 쓰며 말미에 '심리적 허기를 채우는 일곱 가지 처방'을 덧붙였다. 어떻게 심리를 조절해야 덜 허기질 수 있는지 살펴보자.

: 먹는 것이 마음대로 조절이 안 되는 유형

이성의 뇌와 감정의 뇌가 계속 싸운다. 그러면 일에 지쳐서 먹게 된다(먹지 말라는 이성의 뇌와 먹고 기분이 좋아져야 한다는 감정의 뇌가 싸우지만 결국 감정의 소리가 더 강하다).

비만클리닉에 한 교수님이 찾아왔다. 그는 퇴근하면 집에서 논문을 써야 했다. 학교에서 쓸 수 없기 때문이다. 그러니 얼마나 스트레스를 받겠는가? 집에 들어오자마자 냉장고 문을 열고 맥주를 마시고, 과자와 피자 등을 먹으며 논문을 썼다. 그러고 나서 바로 잠이 들다 보니 10킬로그램 넘게 살이 쪘다. 그에게 내린 처방은 다음과 같다.

"당신은 일중독이군요. 퇴근 후에 미니 여행을 하십시오."

그는 한강 고수부지 근처에 살았다. 그래서 퇴근하고 바로 집에 가지 말고 일단 고수부지로 가라고 했다. 잠시 걸으면서 스트레스를 털어내고 자신에게 상을 준 후에 집에 가서 논문을 쓰라고 했다. 그에게는 일과 쉼의 균형을 맞추기 위한 제3의 공간이 필요해 보였다.

제3의 공간은 시간적, 물리적인 공간이 아니어도 좋다. 생각의 공간이어도 된다. 그러나 물리적, 시간적인 공간이 있어야 생각도 새롭게 바뀌기 쉽다. 여행할 때 행복지수가 제일 높이 올라가는 것처럼. 여행이 행복한 이유는 공간 이동을 하기 때문이다. 이를 통해 내 모습을 바라보고 재충전하고 객관화시킬 수 있다.

그것이 행복감을 느끼게 하고, 자기 조절감을 준다. 하지만 매일 여행을 할 수는 없다. 그래서 미니 여행이 필요하다. 목욕탕으로, 고수부지로 미니 여행을 떠나는 것이다.

놀랍게도 그 교수님은 미니 여행만으로도 갑자기 늘어난 10킬로그램을 줄일 수 있었다. 냉장고 문을 여는 조건화 행동을 버리고, 일중독으로부터 벗어나는 법을 배웠다.

그는 특별히 운동을 하거나 다이어트를 하지 않았다. 집에 들어서자마자 맥주를 마시는 습관을 끊었을 뿐이다. 그러자 다시 10킬로그램이 빠졌다. 그에게 휴식이 필요했던 것이다.

좀 더 깊이 들어가 보면, 최고 수준의 논문을 써서 인정받고 싶은 욕구가 있었다. 그래서 스트레스를 받고 불안했다. 맥주와 음식을 먹으며 긴장을 완화하려고 한 것이다.

: 금기 음식을 힘들어하는 유형

다이어트는 머리로 하는 것이 아니라 감정으로 하는 것이다. 절대 금기 음식이 없어야 한다. 한 내담자가 물었다.

"라면은 먹으면 안 되지요?"

"절대 안 되는 것은 아니에요. 정 먹고 싶으면 국물을 덜어내고 면만 조금 드세요."

염분이 다이어트에 안 좋기 때문이다. 어느 날, 남편이 퇴근해서 라면을 끓여 먹었다. 냄새를 맡으니 아내도 너무 먹고 싶었다. 그래도 '내일 원장님께 가서 먹지 않았다고 자랑해야지'라며 꾹 참았다. 그런데 라면 생각에 잠이 안 와서 생라면을 과자처럼 우걱우걱 먹어버렸다.

하지만 생라면이 라면을 끓여 먹었을 때의 만족을 줄까? 그렇지 않다. 결국 그날 그녀는 잠을 제대로 못 잤다고 한다. 여기에는 '자기 통제'라는 개념이 들어간다. 인간은 연약하기 때문에 100퍼센트 자기 통제가 불가능하다.

나는 그녀를 혼내지 않았다. 그리고 '위로 음식'(comfort food) 리스트를 만들게 했다. 다이어트 기간에 하루에 한 번은 이 음식을 허락하겠다는 것이다. 약간의 틈을 주어 연약함을 인정하고 허용할 때 다이어트가 더 순조롭게 진행된다.

: 매일 다이어트 하는 유형

90퍼센트 이상의 한국 여성들은 "나는 다이어트가 필요한 상태"라고 말한다. 그들에게는 '날씬하면 더 나은 인생을 살 수 있다. 사랑받을 수 있다. 원하는 옷을 멋지게 입을 수 있다'라는 인식이 있다. 그래서 어떤 사람은 옷을 사 놓고 다이어트를 한다.

'이 노란 원피스를 입기 위해 나는 10킬로그램을 빼겠다.'

이들의 진짜 다이어트 목적은 '사랑'과 '인정'이다.

'내가 48킬로그램이 되어 저 옷을 입어야 행복할 수 있다. 그렇지 않으면 내 인생은 실패다.'

그러면 체중에 집착하게 된다. 특히 20대 여성들의 다이어트 강박은 굉장히 심각하다. TV를 켜면 저체중 여성들이 너무 많이 나온다. 의학적으로 봤을 때에는 저체중인데 많은 여성들이 그것을 목표 삼고 다이어트를 한다며 불필요한 시간 낭비를 한다.

다이어트 도시락을 챙기고, 매일 운동을 가고, 몸무게를 재고, 거울을 본다. 친구도 안 만난다. 만나면 먹어야 하기 때문이다. 정말 손해가 많다. 나는 이런 사람들에게 수치심이 너무 많다고 말한다. 있는 그대로도 예쁘다고, 군이 그 원피스를 입지 않아도 된다고 말해준다.

: 배고프지 않은데도 자꾸 먹는 유형

화가 나면 먹는다. 대표적인 예로 남자 친구와 헤어졌을 때를 들 수 있다. 이별하고 돌아와 울면서 냉장고에 있는 음식을 꺼내 비벼 먹는다. TV에 많이 나오는 장면이다. 분노나 화를 음식으로 푸는 경우다.

분노가 내 안으로 향하다 보니 무의식적으로 나를 괴롭히는 행동을 하는 것이다. 마치 자신이 쓰레기통이 돼서 음식을 막 집어넣는 것과 같다. 그러면서 불편한 감정들을 없애고자 한다.

위가 가득 차면 음식은 더 이상 맛있고 즐거운 것이 아니다. 자기를 괴롭히는 행동일 뿐. 이런 유형에 대한 처방은 "털어놔라"이다. 전문가를 찾아가 자기 파괴적인 행동을 멈출 수 있도록 심리 치료를 받아야 한다.

: 착한 여자 유형

모임에서 옆 사람이 음식을 권하면 별로 먹고 싶지 않지만 맛있게 먹는다. 시어머니가 차려준 밥은 더 못 남긴다. 친구들과 만나서도 안 먹으면 싫어할까 봐 혹은 다이어트 하는 것을 알리기 싫어서 맛있게 먹는 척한다.

'나는 이렇게 많이 먹어도 살이 안 쪄.'

자신의 욕구는 무시하고 다른 사람의 기준에 맞추고자 눈치만 보는 사람들은 다이어트를 하기 어렵다. 그들은 버림받은 내면의 아이를 갖고 있다. 그래서 다른 사람들의 눈치를 본다. 결국 내 인생이 내 인생이 아닌 것이다. 그래서 더 먹게 된다.

"No"라고 말할 수 있어야 한다. 배가 부르거나 방금 밥을 먹고 왔으면 말해야 한다. 그래도 자꾸 권하면 이렇게 얘기해도 된다.

"병원에서 먹지 말래."

그런데도 먹으라고 권하는 사람이 나쁜 사람이다.

: 외톨이 유형

의사소통의 한 가지 방법으로 나만의 먹는 의식을 치르는 것이다. 쇼핑중독으로 신용불량자가 된 한 내담자의 첫인상은 너무나 얌전해 보였다. 그러나 그녀의 방을 청소하던 엄마는 경악을 금치 못했다. 침대 머리맡에 과자 봉지들과 피자 박스가 쌓여있었던 것이다.

어린아이가 엄마에게 반항할 때 "싫어, 안 먹어!"라며 먹을 것을 거부하거나, 엄마 몰래 과자를 훔쳐 먹는 경우가 있다. 이때 음식은 의사표현의 하나이다. 사실 원하는 것은 다른 것인데, 먹는 행동을 통해 관심을 얻게 된다.

: 자신을 예쁘게 보지 않는 유형

'나는 다이어트도 못해. 참 한심해. 이렇게 살이 쪘어'라고 자기를 비난하지 말자.

몸도 나름의 기능이 있다. 다리는 걷는 기능이 있다. '내 다리는 왜 이렇게 살이 쪘지?'가 아니라 '오늘도 잘 걸어줘서 고마운 다리'라고 생각해보자. "오늘 얼마나 힘들었니?" 하고 고마움을 표현해보자. 사고의 전환이 필요하다.

누구나 한 군데라도 예쁜 데가 있다. 외모로 먹고 사는 사람과 자신을 비교하며 "저 사람처럼 성형해주세요" 하는 사람들이 실제로 있다. 외모 콤플렉스 유형이다. 나는 그런 이들에게 거울을 더 보고 자신의 예쁜 모습을 찾으라고 한다.

폭식증, 진공청소기와 같은 영혼의 갈망

비만클리닉을 하면서 많은 이들의 '식사 일기'를 보게 되었다. 우리나라 문화에서는 사람과 관계에서 음식을 빼놓을 수 없다. 인생의 모든 것을 조절하면서 살 수는 없지만, 내 몸에 취하는 것은 선택할 수 있다.

식사를 하는 매순간 선택해야 한다. 모든 것이 가능하지만, 모든 것이 내 몸에 유익하지는 않다. 매번 유익한 것을 선택하는 습관은 일종의 영적 훈련이다.

배가 고프지 않은데도 자꾸 먹으려 하는 것은 배고픔이 아니라 갈망이다. 우리는 모두 갈망하는 존재로 태어났는데, 그 심리적 공허함을 마치 진공청소기가 먼지를 빨아들이듯이 다른 것들로 자꾸 채우려 한다. 음식뿐 아니라 술이나 쇼핑, 마약이 대체물이 될 수 있다.

예수께서는 "나는 생명의 떡이니 내게 오는 자는 결코 주리지 아니할 터이요"(요 6:35)라고 말씀하셨다. 이런 갈망을 채우실 수 있는 분은 오직 하나님뿐이다.

사단의 유혹은 먹음직하고 보암직하고 지혜롭게 할 만큼 탐스럽기도 한 나무 과실에서부터 시작되었다. 그 유혹이 오늘날 음식의 선택에 있어서도 영향을 미치는 것을 많이 보았다. 먹으면 먹을수록 더 먹고 싶다. 아무리 먹어도 배고픔이 해결되지 않는다.

폭식증을 앓는 경우, 내가 음식을 조절하는 것이 아니라, 내 삶을 지배하고 망가뜨리는 실체가 바로 음식이다. 자신의 몸매나 외모를 비하하면서 자존감이 바닥으로 떨어지는 것은 순식간이다. 영적 자양분으로 영혼을 채우는 법을 깨닫지 못한다면 일시적인 육체적 쾌락이 이런 갈망을 마비시키려고 버둥거릴 뿐이다.

폭식증 심리치료에서 강조하는 것은 자존감이다. 마음의 헛헛함, 외로움, 상처 등의 감정에서 나를 신뢰하는 법을 배우지 않으면 살을 빼기 어려울 뿐 아니라 몸과 마음도 온전히 건강해질 수 없다.

하나님은 우리 각자에게 고유의 모습, 그분의 형상을 주셨다. 긍정적으로 평가하고 좋은 쪽으로 생각해야 함에도 나를 바라보는 마음의 차이가 있다. 하나님은 우리의 외모만이 아니라 중심을 보신다. 하나님의 시각으로 봤을 때 중요한 것은 그분과 친밀함으로 인한 영혼의 충만이며, 이것만이 우리 영혼의 갈망을 채울 수 있다.

심리적 허기를 채우는 일곱 가지 처방

먹는 것이 마음대로 조절이 안 되는 유형이라면
✚ 나만의 미니 여행을 떠날 것

금기 음식을 힘들어하는 유형이라면
✚ '위로 음식'(comfort food) 리스트 만들기

매일 다이어트 하는 유형이라면
✚ 있는 그대로의 모습이 예쁘다는 것 인정하기

배고프지 않은데도 자꾸 먹는 유형이라면
✚ 속마음을 누군가에게 털어놔라

착한 여자 유형
✚ "No"라고 말하라

외톨이 유형
✚ 진짜 원하는 것을 찾아라

자신을 예쁘게 보지 않는 유형
✚ 자신의 예쁜 모습을 거울을 더 보고 찾아라

chapter 9

쌓아두지 말고 풀자
: 스트레스

힘들고 지치고 공허해서 누구라도 붙들고 얘기하고 싶은 날이 있다.
그럴 때는 자신의 라이프스타일, 영적 습관, 삶의 리듬, 삶의 원칙을
점검해야 한다.

"피곤해"를 입에 달고 산다면

아마도 외래어 중에 가장 많이 쓰이는 단어가 '스트레스'일 것이다. 우리는 "스트레스 받는다"라는 말을 정말 많이 한다. "스트레스 해소해야 돼. 스트레스 안 받고 싶어"라고 말하기 보다 그것의 긍정적인 면을 생각해보라. 그렇지 않으면 몸도 뇌도 급격히 노화(老化)한다.

뇌에 도움이 되는 생활습관은 어떤 것이 있을까? 의사는 약만 처방하는 존재가 아니라 한 영혼, 한 육체가 건강한 습관을 쌓아가도록 돕는 사람이다. 노화는 세월이 아니라 생활습관이 일으킨다.

뇌의 자율신경계에 대해 들어봤을 것이다. 이것은 모든 장기에 다 퍼져있다. 그래서 건강한 몸을 가지려면 건강한 뇌가 필요하다. 뇌를 잃어버리면 아무 소용이 없다.

자율신경계가 퍼져있는 곳은 눈의 동공, 혈관 벽 등이다. 스트레스를 받으면 혈압이 올라가고 심장이 뛰며, 손에 땀이 나고, 입이 바짝바짝 타고, 호흡이 가빠지는 이유가 여기에 있다. 그래서 스트레스는 만성질환과 깊은 연관이 있다.

그러나 나는 '스트레스의 힘'에 대해 말하고 싶다. 사역자가 설교에 대한 스트레스가 없다면 매일 말씀을 묵상하고, 성도들과 교통하며 얻은 깨달음을 적으며 공부할까? 회사에 가야 하는 스트레스가 없다면 아침에 규칙적으로 일어날까? 나 역시 강연을 준비하는 스트레스가 없다면 공부를 하거나 기도를 할까 싶다.

켈리 맥고니걸의 《스트레스의 힘》에 따르면 좋은 스트레스는 성장 호르몬을 분비시킨다고 한다. 스트레스를 없앨 수는 없다. 긍정적으로 스트레스를 받아들이는 연습이 필요할 뿐이다.

맥고니걸 박사는 스트레스 순위를 백 가지로 매겼다. 대표적인 것으로 이혼과 결혼, 배우자와 사별, 이사, 승진, 전학 등을 들 수 있다. 결혼이나 승진은 축하받을 일임에도 스트레스 순위 10위권 안에 들어있다.

우리가 어떤 일에 집중하면 몸에서 아드레날린이 분비된다. 이 호르몬은 100미터 달리기 선수들이 출발선에 섰을 때 극도로 분비된다. 온몸의 근육을 움츠렸다가 갑자기 움직여야 하기 때문이다. 심박동수가 올라가야 그런 위기 대처 능력이 생긴다. 이 호르몬 때문에 우리는 몸을 움직일 수 있고, 하기 싫은 공부와 집안일을 순식간에 해낼 수 있다.

그런데 스트레스로 몸에 이상증상이 나타나기도 한다. 그러면 스스로를 점검해보아야 한다.

'왜 이렇게 피곤하고 힘들지? 내가 무엇 때문에 스트레스를 받는 거지?'

잘 아는 목사님으로부터 묵상 앱(app)을 소개받았다. 이를 통해 늘 말씀을 묵상하고 가까이하며 몸과 마음을 점검하고 있다. 어느 날 묵상을 하는데 창세기 2장 3절 말씀이 새롭게 다가왔다.

하나님이 그 일곱째 날을 복되게 하사 거룩하게 하셨으니 이는 하나님이 그 창조하시며 만드시던 모든 일을 마치시고 그날에 안식하셨음이니라 창 2:3

그래서 그날 묵상 노트에 "일하려고 쉬는 것이 아니라 쉬려고 일하는 것이다"라고 적어놓았다. 안식하기 위해 나머지 날들에 일하는 것인데, 우리는 안식일을 지키고 쉬는 것을 잘 하지 못한다.

토요일에도 직장에 나가야 하는 내담자가 있었다. 나는 그에게 "일 좀 그만하고 쉬세요"라고 말했다. 그러자 그는 "원장님이 잘 몰라서 그래요. 이 일을 안 하면 회사에서 잘려요"라고 했다.

넘쳐나는 요구, 거절할 수 없는 업무들이 있다. 하지만 최대한 휴식 시간을 확보하자. '일하고 남는 시간에 쉬어야지'가 아니라 쉬는 날을 먼저 우선순위로 정해놓고, 그 나머지 시간에 일을 정리하는 습관을 길러야 한다.

그러면 다른 사람에게 인정받지 못하거나 욕을 먹을 수도 있다. "너는 왜 주말에 나와서 일 안 해?"라는 말을 들을 수도 있다. 자영업자인 경우에 일요일에 장사를 쉬면 매출을 포기해야 한다.

힘들고 지치고 공허해서 누구라도 붙들고 얘기하고 싶은 날이 있다. 그럴 때는 자신의 라이프스타일, 영적 습관, 삶의 리듬, 삶의 원칙을 점검해야 한다.

나는 목요일에 진료를 쉬지만 강연 일정이 잡혀있는 날이 많다. 그래서 다른 날 오후에 의도적으로 쉬려고 한다. 80퍼센트만 일하자는 생각으로 진료도 5시 30분까지만 본다. 어떤 사람들은 쉴 시간이 없다고 한다. 주부도 마찬가지다. 종일 아이들을 돌보고 집안일을 해야 한다.

하루 일정을 촘촘히 짜지 않으면 불안하다는 이들도 있다. 하지만 아무 일정이 없는 날을 꼭 만들어야 한다. 이날은 절대 휴식과 안정을 취하자. 나도 하루는 꼭 비워둔다. 아무 약속도 잡지 않는다. 그렇지 않으면 시간의 노예가 되기 때문이다.

정신과 통계에 의하면 3명 중 1명은 숙면을 취하지 못한다고 한다. 7시간 동안 누워있다고 잘 잔 것이 아니라 몇 시간을 자도 잘 잤다는 느낌이 들어야 한다. 10시간을 자도 푹 잤다는 느낌이 없다면 이상이 있다는 증거다.

요즘엔 사람들이 "바쁘지요?"라는 인사를 많이 주고받는다. 나도 이런 질문을 많이 받는다. 그러면 나는 "아니요"라고 의도적으로 대답한다. 바쁜 건 자랑이 아니다.

우리 사회는 바쁜 것을 자랑으로 여긴다. 바쁘지 않으면 뭔가 도태되는 느낌이다. 사람들이 나를 찾아주지 않고 인정해주지 않는 느낌을 받는다. 쓸모없는 사람 같고, 내가 없어져도 이 세상이 잘 굴러갈 것 같다.

그냥 노는 시간도 필요하다. "나 놀고 있어. 내가 하고 싶은 걸 하면서 쉬고 있어. 나는 이런 놀이를 가지고 있어"라고 자신 있게 말할 수 있어야 한다. 그래서 나는 내담자들에게 꼭 이 질문을 던진다.

"취미가 있으세요?"

그러면 대답을 못하는 사람이 많다. 앉아서 일하는 사람은 몸을 움직이는 취미를, 몸으로 일하는 사람은 앉아서 사색하거나 쉴 수 있는 취미를 갖는 것이 좋다. 일과 취미를 통해 삶의 조화를 맞추는 것이다. 스스로 '뭔가 잘못되었다'라는 생각이 든다면 그 원인을 찾아보자. 예를 들어보겠다.

- 헌신된 그리스도인이 되려고 애썼는데….
- 진심을 다해 교회와 하나님을 섬겼는데….
- 내 모든 노력이 어떻게 이렇게 끝날 수 있지?
- 왜 난 "아~ 피곤하다"를 입에 달고 살지?
- 왜 이리 매일 바쁠까?

이 중 한 가지라도 해당된다면 건강한 생활습관이 필요한 단계라고 볼 수 있다.

더 늦기 전에 삶의 리듬을 회복하라

얼마 전 기독 정신과 의사회 운영모임을 다녀왔다. 세미나를 기획해야 하는데 모인 사람들이 일을 하나만 더 맡으면 쓰러질 듯한 상태였다. 정말 깜짝 놀랐다. 다들 정신과 의사로 일하면서 교회에서도 많은 일을 하고 있었다. '그들의 정신 건강은 누가 책임질까?' 하는 염려가 되었다.

요즘 교회마저도 성취 지향적이 되다 보니 교인이 몇 명이며, 세미나에 몇 명이 모였으며, 새벽기도에 얼마나 모이는지를 말한다. 그래서 어떤 책에서는 "교회에 몇 명이 모였는지를 얘기하는 것이 우상숭배"라고 했다. 물론 부흥은 열매다. 그러나 그것에만 몰두하다 보니 과정이 생략되고 정말 중요한 중심이 없어졌다.

사람들 사이에 경쟁심리가 있다. 그래서 뭔가 잘 안 됐을 때는 자존감이 낮아지고, 뭔가 부족하다는 생각을 한다. 나 역시 그렇다. 내담자가 없을 때는 불안한 마음이 든다.

극심한 피곤함을 느낄 때는 자신이 정서적으로 어떤지, 분주하고 소란스러운 환경을 어떻게 정리하고 있는지 살펴봐야 한다. 사실 유독 더 바쁜 주나 달이 있다. 새 학기가 시작되는 3월이 그렇다. 이런 것들을 분별해야 된다.

압박감이 느껴져야만 열심히 산다고 생각하는 사람들이 있다. 이런 사람은 일중독일 수 있다. 신앙생활도 마찬가지다. 수요일에는 수요예배에 가고, 목요일에는 누구를 섬기고, 금요일에는 철야기도를 가고, 토요일에는 누구를 만나고…. 매일 압박감이 있지 않으면 불안하다.

그래서 바쁠수록 기도의 끈을 놓지 말아야 한다. 불필요한 일에 에너지를 낭비하지 않게 해달라고, 우선순위를 정하게 해달라고 기도하라.

유명한 정신과 의사인 다니엘 에이멘(Daniel G. Amen)은 《뷰티플 브레인》에서 균형 잡힌 라이프스타일을 제시했다. 이것은 우리가 초등학교 시절, 방학 때마다 짰던 시간 계획표와 비슷하다.

아침에 일어나면 물 한 컵을 마시고, 점심에는 채소와 단백질 음식을 충분히 섭취하라. 단, 일터가 아닌 곳에서 먹어라. 그리고 나서 15분 정도 잠깐 낮잠을 자라.

2시는 가장 창조성이 높은 시간이니 집중해야 하는 일을 하라. 4시는 미팅이나 정보교환을 하기에 좋다. 6시에는 근육운동이나 워킹을 하라. 퇴근 때는 대중교통을 이용하는 것이 좋다.

저녁식사는 7시에서 9시 사이에 하고, 9시 이후에는 휴대폰을 꺼라(이것이 가장 어렵다). 10시에는 가족과 대화를 나누며 휴식 시간을 가져라. 11시부터는 반신욕을 하면서 잠잘 준비를 하라.

이렇게 하면 낮에는 교감신경계 톤이 올라가고, 밤에는 부교감신경계 톤이 올라가면서 숙면을 취하게 된다. 숙면은 우리 몸에 필요한 성장 호르몬이나 멜라토닌, 세로토닌의 충분한 분비를 돕는다. 이미 초등학교 때 배운 습관이지만 지키기가 정말 힘들다.

젊고 아름다운 뇌를 갖고 싶다면

그러면 어떻게 건강한 생활습관을 지킬 수 있을까?

: 스마트폰을 멀리하라

스마트폰을 계속 사용하면 뇌가 쉬지 못한다. 이것을 '스트레스성 뇌 탈진 증후군'이라고 부른다. 예전에는 등교하려면 30분에서 1시간 정도 걸어가야 했다. 그런데 요즘은 버스를 타거나 부모가 차로 데려다 준다. 또 예전에는 지하철이나 차를 타고 출퇴근을 하며 창밖을 내다보면서 아무 생각하지 않는 시간이 있었다. 그런데 요즘은 그럴 시간이 없다. 스마트폰 때문이다.

DSM-5(성격장애) 진단기준을 보면 행위중독은 물질중독 이상으로 뇌의 변화를 일으킨다. 게임중독이나 스마트폰중독에 걸리면 마약중독의 뇌와 똑같은 부위가 활성화된다. 그래서 '행위중독'이라는 이름을 얻게 됐다.

식사 시간에 스마트폰을 보고 있는 자녀들에게 뭐라고 하면 숟가락을 집어던지고 뛰쳐나갈까 봐 밥상머리 교육을 제대로 못한다. 나는 밤 10시에는 부모에게 스마트폰을 반납하도록 규칙을 정하라고 권한다. 그러면 반발이 심하다. 그러나 아이의 건강을 위해 귀찮고 힘든 전쟁을 치러야 한다. 절대 아이에게 맡기면 안 된다. 왜냐하면 어른도 조절하기 힘들기 때문이다.

스마트폰으로 인해 미래에 호황을 누릴 병원을 꼽으라면 첫 번째가 안과다. 안구 건조증 때문이다. 블루라이트 차단 필름을 붙여도 소용없다. 스마트폰 화면을 보는 동안에는 눈을 깜박이지 않기 때문이다.

두 번째가 정형외과다. 스마트폰을 오래 사용하면 어깨, 목, 손목, 심지어는 손가락까지 이상이 생긴다. 엄지손가락으로 화면을 넘기기 때문이다.

세 번째는 정신과다. 불면증, 강박, 쇼핑중독, 인터넷중독 등의 증상 때문이다. 금단현상과 불안이 오기도 한다. 스마트폰을 집에 놓고 나온 적이 한 번쯤 있을 것이다. 그럴 때 다시 가서 가져오지 마라.

나는 스마트폰을 집에 놓고 오면 가지러 가지 않는다. '오늘은 스마트폰 프리 데이'라고 생각한다. '꼭 필요하면 병원으로 전화하겠지'라며 편하게 마음먹는다. 모든 직업이 다 그렇지는 않지만 나처럼 직장에 계속 머무는 사람에게는 스마트폰이 없어도 연락할 수 있다. 주말에는 스마트폰을 서랍에 넣어두는 것도 좋다.

: 몸을 움직여라

몸을 움직여야만 뇌 혈류량이 늘어난다. 몸에서 에너지가 끌어올려지면서 잠이 깬다. 그래서 한 시간 동안 뛰고 오면 흥분이 되어 오히려 집중이 잘 된다.

우울증 환자들은 "손가락 하나 까닥할 힘이 없어요"라고 말한다. 그때 행동치료 1번은 몸을 움직이게 하는 것이다. 사실 복식호흡도 운동이다. 몸이 이완되기 때문에 정신적으로 큰 도움이 된다. 부교감신경계가 바로 횡격막에 있기 때문이다.

복식호흡은 뼈와 관절에 산소를 공급하면서 유연성을 주는 굉장히 중요한 운동이다. 그래서 자기 전에 10분에서 20분 정도 꾸준히 하는 것이 좋다.

: 일탈하라

반복적인 사이클에서 약간 벗어나는 것은 뇌 건강에도 좋다. 운전할 때도 내비게이션대로 가지 않고 다른 길로 갈 때 뇌가 활성화되면서 발달된다. 우리의 뇌는 사용을 안 하면 신경의 필라멘트 미세섬유가 불에 타듯이 사그라진다. 그것을 초고속 카메라로 찍은 것을 보면서 정신과 의사인 나도 깜짝 놀랐다.

'번아웃 증후군'은 매너리즘에 빠진 일상에서 비롯된다. 그래서 나는 퇴근 후 미니 여행을 가장 많이 추천한다. 특히 워킹맘들은 30분이라도 기분전환을 한 다음에 집에 들어가는 것이 좋다.

산책이나 서점 들르기, 장보기, 쇼핑 등 내게 상을 줄 수 있는 방법을 찾아보라. 도저히 밖에서 시간을 낼 수 없다면 아무에게도 방해받지 않고 목욕하는 시간을 갖는 것도 좋은 방법이다.

: 정신 건강의 날을 정하라

나는 일주일에 한 번은 이 시간을 꼭 가져야 한다고 생각한다. 이 시간은 그냥 생기지 않는다. 의도적으로 만들어야 한다. 정신 건강의 날에는 의도적으로 내 정서를 돌보는 일을 해야 한다.

남에게 칭찬 한마디를 건네고, 작은 일에도 감사하는 것부터 시작해보자. 감사 일기를 기록해보면 자신이 그동안 얼마나 감사하지 못하고 살았는지 깨닫게 된다.

작은 호의를 주변 사람들에게 베푸는 것도 좋다. 작은 선행을 베풀 때 우리 뇌에서는 엔도르핀을 비롯한 행복 호르몬이 분비된다. 가끔은 자신에게 큰 상을 주는 것도 좋다. 나는 '오늘은 내가 환자야'라고 생각하며 절대 휴식을 취하는 날이 있다. 약속도 잡지 않고 스마트폰도 잠시 꺼둔다. 이렇게 하지 않으면 진짜 환자가 될 수도 있기에….

맨날 아프다고 하는 사람이 있다. 꾀병이 아니다. 이런 사람은 결국 정신과에 찾아와 "몸이 아파서 이 병원, 저 병원에 다니면서 돈을 많이 썼어요. MRI까지 찍었는데도 원인을 찾지 못하니까 가족들이 제가 꾀병을 부린대요"라고 말한다.

이들은 주로 화병이나 만성피로가 원인이 되어 몸이 아프다. 또는 정신적인 압박이 원인인 경우도 있다. 마음이 편안하지 않으면 몸이 쉴 수 없다. 침대에 누워있어도 머릿속에서는 계속 나를 괴롭히는 나쁜 생각이 떠오른다. 그래서 의도적으로 정신 건강의 날을 만들어서 좋은 습관을 내 것으로 만들어야 한다.

chapter 10

삶의 속도 늦추기
: 일중독

삶의 속도가 너무 빠르면 방향을 바꾸기가 쉽지 않다. 또한 진정한 쉼은 하나님과 누리는 친밀함에서 온전히 나온다. 허둥대는 삶을 조율하자.

쉬는 법을 모르는 사람들

직장을 그만두면 너무 좋을 것 같지만 막상 그만두면 그렇지도 않다. 불편하고 불안하다. 젊은 사람은 젊은 사람대로, 나이 든 사람은 나이 든 사람대로 불안해한다. 그 불안이 일중독을 일으킨다. 불안해서 끊임없이 움직이며 급한 속도에서 벗어나지 못한다. 도태되고 인정받지 못할까 봐 그렇다.

마르다는 준비하는 일이 많아 마음이 분주한지라 눅 10:40

이 말씀을 읽으며 이렇게 생각할 수 있다.

'누구는 예수님 말씀을 듣고 싶지 않아서 안 앉아있나? 내가 준비를 안 하면 어떻게 밥을 먹을 것이며, 차 준비는 누가 해? 집도

치워야 하고, 사람들도 안내해야 하는데….'

바로 마르다의 속 얘기다. 동생 마리아는 언니가 혼자 일하도록 내버려둔다. 마르다가 항의한다.

"예수님, 쟤도 여기 와서 일하라고 해주세요."

예수님의 답변은 무엇이었는가?

주께서 대답하여 이르시되 마르다야 마르다야 네가 많은 일로 염려하고 근심하나 몇 가지만 하든지 혹은 한 가지만이라도 족하니라 마리아는 이 좋은 편을 택하였으니 빼앗기지 아니하리라 하시니라 눅 10:41,42

마리아가 좋은 것을 택했다고 말씀하셨다. 그리고 마르다의 수고를 위로하고 칭찬해주셨다. 우리는 어떨 때에는 필요 이상으로 일을 벌인다. 준비를 많이 한다. 접대를 잘하고 싶어서가 아니라 칭찬받고 싶어서이다.

'저 집에서는 다섯 가지 과일이 나왔는데, 나는 여섯 가지를 내놓아야지.'

물론 모두가 그런 것은 아니다. 음식 준비가 중요하지 않다는 것이 아니다. 그렇지만 우선순위가 뒤바뀌면 안 된다. 우선순위는 '말씀'이어야 한다. 하나님과 교제하는 시간에 집중하는 것이 우리가 벌인 일들보다 더 중요하다.

크리스천이라면 한 가지 더 생각해봐야 한다. 내 힘으로 모든 것을 하려고 몸부림치는가? 이것은 내려놓지 못했다는 증거다. 어떻게 보면 현대인의 피로는 하나님이 필요하다는 증거다. 맡기고 쉴 곳이 필요하다.

나 역시 '그동안 허둥대며 살았구나'라는 생각이 든다. 하나님의 일, 좋은 일을 한다고 했지만 결국은 내가 보기에 좋은 일이었다. 내 맘대로 하고 살았다. 우리에게 필요한 것은 삶의 속도를 늦추는 것이다. 하나님의 속도에 맞춰야 하는데 우리가 먼저 뛰어가 놓고 '왜 응답이 없으시지'라며 속상해한다.

'나는 왜 이렇게 힘들고 피곤할까?'

모든 짐을 내가 짊어지고 있기 때문이다. 세상의 속도와 내 속도를 조절해야 한다. 이런 말을 들으면 화가 나는 사람도 있을 것이다.

'누구는 삶의 속도를 늦춰야 하는 걸 모르나? 내가 어떻게 늦춰? 회사에서 이렇게 요구하는데….'

이것이 바로 크리스천이 세상의 법칙과 다르게 살아야 되는 또 다른 이유다. 하나님과 친밀한 교제를 나누고, 그분이 원하시는 일을 하려면 바쁘지 않아야 한다.

삶의 속도가 너무 빠르면 방향을 바꾸기가 쉽지 않다. 또한 진정한 쉼은 하나님과 누리는 친밀함에서 온전히 나온다. 허둥대는 삶을 조율하자.

교회 리더십이라면 더욱 챙겨야 할 마음 상태

교회에서 맡은 일들이 있다면 모두 리더다. 스카지로 목사님은 건강하지 못한 교회 리더십의 네 가지 유형에 대해 말했다.

: 더 크고 더 좋지 않으면 성공이 아니라고 생각한다

누가복음 10장에는 예수께서 70명의 제자들을 파송하신 장면이 나온다. 이 제자들 중에는 못 배운 사람도 있고, 많이 배운 사람도 있고, 믿은 지 얼마 안 된 사람도 있었다. 그런데 그들이 나가서 주님의 이름으로 기도했더니 귀신이 나갔다. 그들은 너무 기뻐서 돌아와 예수께 얘기했다. 그때 주님이 말씀하셨다.

그러나 귀신들이 너희에게 항복하는 것으로 기뻐하지 말고 너희 이름이 하늘에 기록된 것으로 기뻐하라 하시니라 눅 10:20

나도 맨날 그랬다.

'주님, 제가 오늘 이렇게 했더니 내담자가 좋아졌어요. 이런 약을 썼더니 더 이상 약 먹을 필요가 없을 정도예요. 기도했더니 좋은 결과가 있어요. 친구의 동생을 위해 함께 기도했더니 암 치료에 성공했어요.'

그러나 이런 것에 기뻐하지 말고, 기도가 하늘에 기록된 것, 하나님과 좀 더 친밀해진 것을 기뻐하라고 하신다. 결국은 하나님과 내가 얼마나 시간을 보냈냐가 정말 중요하기 때문이다.

: 내적 상태보다 외적 행위를 더 중요하게 생각한다

앞에서 얘기했듯이 내 친구 목회자는 후원 교회에 늘 현황을 보고해야 했다. 그는 외적 행위가 우수하게 비춰질 때 오히려 자신의 영적인 상태는 초라한 경우가 많았다고 했다. 외적인 일로 바쁜 나머지 자신의 영성과 감정은 방치된 채로 버려진 것이다. 하나님과 관계가 최우선순위이다.

돌아가신 분의 유품 정리를 해본 적이 있는가? 아끼던 것을 한 가지도 가져가지 못한다. '내가 박사였고, 대형교회를 섬기는 리더였고….' 이런 것도 가져갈 수 없다. '내가 얼마나 하나님과 대화를 나눴고, 연애하듯 그분을 알아갔는가'만 남는다. 썩어질 것에 마음을 두지 말라는 바울의 메시지에 귀 기울여야 한다.

: 고독할 틈이 없다

스카지로 목사님은 하나님과 늘 깊은 관계를 추구해야 하는 영적 리더들에게 묵상과 큐티, 기도를 얼마나 하는지 묻고 깜짝 놀랐다고 한다. 그럴 시간이 없다는 것이다. 성과를 내고, 업적을 이루어야 하다 보니 주님과 만나는 시간이 뒷전으로 밀릴 수밖에 없다.

그러므로 속도를 늦추기 위해 예수님이 그러셨던 것처럼 한적한 곳을 찾아 고독과 침묵의 훈련을 해야 한다. 피곤하고 스트레스 받고 바쁠 때일수록 침묵의 시간을 가져보라. 하루가 힘들다면 반나절, 반나절도 힘들다면 한 시간, 혹은 30분이라도 하나님과 독대하는 시간을 마련해야 한다.

예수님도 유혹이 굉장히 많으셨다. 많은 사람들이 그분의 말씀을 듣기 위해 모여들었다. 그분은 유혹을 뿌리치고 한적한 곳으로 다니셨다. 무리들을 피해 배를 타고 건너가기도 하셨다. 그분은 바쁘셨지만 항상 한적한 시간을 가지셨다.

특히 십자가를 지시기 전, 예루살렘에 입성하시기 전과 같이 중요한 사역이 있을 때는 반드시 기도하셨다. 우리가 느끼는 모든 감정, 두려움, 불안을 그분이 느끼셨다는 것만으로도 큰 위로가 된다.

우리는 조금만 굶으면 배고프고, 조금만 아프면 힘들어하고, 조금만 누가 뭐라고 해도 상처받고, 조금만 누가 칭찬해주면 너무 기쁘다. 주님은 이런 우리의 인간됨을 다 아신다. 성숙한 크리스천은 인간을 초월하는 사람이 아니라 인간됨을 가장 잘 아는 사람이다.

: 갈등을 회피한다

괜한 분란을 일으키지 않으려 한다. 분란은 시간과 에너지를 낭비한다고 여겨서 덮고 지나가거나 없던 걸로 하고 싶어 한다. 그러나 잘못을 덮고 넘어가지 말고 바로잡을 것은 바로잡으라.

성경의 아나니아와 삽비라 사건을 기억할 것이다. 베드로는 가만히 지나치지 않고 모든 사람들 앞에서 직면케 했다. 초대교회는 일단 좋은 것부터 보자고, 돈이 모였으니 사역부터 하자고 하지 않았다. 그런 측면에서 보면 아나니아와 삽비라 사건은 매우 중요하다. 베드로는 그들이 헌금을 했다고 해서 잘못을 덮어주지 않았다. 그래서 초대교회의 기초를 단단히 할 수 있었다.

과감하게 멈춰라

결혼생활을 힘들어하는 목회자들이 의외로 많다. 사역이 가정보다 더 우선이기 때문이다. 성도가 아내와 자식보다 우선이다.

목회자의 자녀들은 일반 가정과는 다른 심리적인 배경을 가지고 있기에 목회자 자녀(Pastor's Kids, PK)라고 따로 분류한다. 자기 부모를 다른 사람과 나누어야 하는 숙명을 갖고 있기 때문이다. 내가 필요로 할 때 부모가 온전히 있어주지 못하기에 심리적인 기전이 다르다.

나는 "사모님의 얼굴이 곧 목사님의 영성이다"라고 말한다. 아내의 얼굴이 곧 남편의 마음이다. 어떻게 해줬는지 아내 얼굴에 다 나타난다. "나한테 시집와서 불쌍하다"로 그치면 안 된다.

일반 가정에서도 마찬가지다. 나이가 들면서 남편의 얼굴이 찌들고 머리가 자꾸 빠진다. 남자들도 남성 호르몬이 떨어지면서 여성과 똑같이 갱년기를 지난다. 아내는 남편이 점점 약해지는 모습을 보면 측은하게 여겨주라. 함께 인생의 가을을 지나 겨울을 향해 간다는 뜻이기 때문이다. 합심해서 노력해야 좋은 성적표가 나온다.

나는 결혼을 준비하면서 이런 생각을 했었다.

'하나님은 우리에게 너무 많은 것을 요구하신다. 하나님은 이상주의자 같아. 결혼하면 1년도 가기 힘든 이 열정을 어떻게 불살라야 하지? 적어도 50년을 같이 살아야 되는데….'

그런데 결혼에 대해 연구하면서 가능하겠다는 생각이 들었다. 그러면서 실천하다 보니 남편을 조금 다르게 보게 되었다.

빠르게 달리는 기차에서 뛰어내리고 싶지만 너무 빨라서 뛰어내릴 수가 없다면 속도를 늦추자. 그러려면 무엇이 필요한가? 정력의 낭비를 막아야 한다. 우선순위를 정하고 분별해야 한다.

내게도 방송 섭외와 강연 문의가 많이 온다. 나는 진료를 하는 의사지 방송인이나 연예인이 아니다. 그래서 우선순위를 두고 나머지들은 잘라낸다. 약속이나 일도 마찬가지다. 잘나갈수록 지혜롭게 해야 한다.

하나님께서 원하시는 일을 '그분이 원하시는 때'에 하는 것이 가장 현명하다. 정력을 낭비하지 말고 과감하게 결단할 필요가 있다.

한 지인이 지금 다니는 회사에 있으면 승진은 할 수 있는데 몸이 너무 힘들다고 했다. 그래서 내가 병가(病暇)를 내고 생각해보라고 했다. 내 제안을 따르고 나서 몸이 회복된 그는 회사를 옮길 준비를 했다.

이를 위해서는 '승진'이라는 중요한 부분을 포기해야 했지만 그는 쉬면서 깨달았다. 속도를 늦추고 오래 회사에 다닐 수 있는 방법을 선택해야겠다고.

토끼보다 거북이가 되기로 결심하라

속도를 늦추어야 한다는 사인이 있다.

- 시간은 없고 할 일이 많아 압박감에 시달린다
- 미래에 대한 걱정과 남들의 생각에 지나치게 신경을 쓴다
- 쉽게 마음에 상처를 입고 화가 난다
- 남들의 성공이 기쁘지 않다

회사 대표나 중역들도 상담하러 많이 찾아오는데, 그들은 우울증으로 정신과에 오지 않는다. 우울증을 느낄 시간조차 없기 때문이다. 그들은 화와 짜증 때문에 병원에 온다. 집에서는 가족에게, 회사에서는 아랫사람에게 짜증을 낸다. 바로 지쳤다는 증거다. 속도를 늦추라는 사인으로 생각하면 된다.

속도를 늦추라는 신호가 커지면 가장 먼저 광야를 찾으라. 하나님과 나만의 공간을 만들라. 여기서는 광야라고 표현했는데 카페 같은 곳도 좋다. 조용히 나를 돌아보고 하나님 앞에 아뢰어라. 가족들이 잠든 늦은 밤에 홀로 깨어있다면 이 시간을 가질 타이밍이다.

다음으로 하나님의 리듬을 지켜라. 창세기를 읽으면 하나님의 창조 섭리를 살펴볼 수 있는데 가장 눈에 띄는 것이 창조의 리듬과 안식일이다. 창세기에는 결혼의 비밀, 안식의 비밀이 들어있다.

나는 하나님이 창조를 하시는 장면이 마치 만화영화처럼 정말

재미있다. 해 만들어라 뿅, 뭐 만들어라 뿅. 이름도 가지각색으로 붙여지고 모양도 제각각이다. 그러나 마지막 날은 휴식하셨다는 것에 주목한다. 이것은 하나님의 창조의 리듬이다. 그러니 우리도 하나님과 리듬을 맞춰야 한다.

안식일을 지키기 위해 중요한 대회에 출전하지 않고 믿음을 지키는 사람들을 보았다. 처음에는 그들이 이해되지 않았다.

'어차피 일주일에 하루만 쉬면 되는데, 대회 다음 날을 안식일처럼 지키면 안 되나? 대회에 나가는 것도 하나님이 시키신 일일 수 있는데 굳이 출전을 포기할 필요가 있을까?'

그런데 내 생각이 바뀌었다. 안식일을 지키는 것은 하나님의 리듬을 가장 우선순위에 두겠다는 선포이기 때문이다.

'대회에 출전하면 무조건 1등이지만 나는 그것을 하나님의 리듬보다 중요하게 여기지 않겠다.'

안식일의 의미는 쉼 자체가 아니다. 우리가 세상과 분리된 자임을 알고, 유한함을 인정하는 것이다. 모든 것이 가능하지만 내게 유익한 것을 알려주신 대로 지키겠다는 의지이다. 이것이 안식일을 지켜야 하는 핵심이다.

안식은 선택이 아니라 명령이다

어떤 여성이 CGN TV 특강을 보고 병원을 찾아왔다. 워킹우먼으로서 몸이 몇 개라도 부족할 만한 스케줄을 버텨내고 있었다.

그녀는 "안식은 선택이 아니라 명령입니다"라는 방송 클로징 멘트가 바로 자기에게 하는 말 같았다고 했다.

명령이니까 지켜야겠다는 생각은 그녀로 하여금 좀 쉬어도 된다는 안도감을 주었을 것이다. 안식일은 영적 훈련의 핵심이다. 하나님의 창조 리듬이자, 내 몸의 휴식 리듬이다. 또한 세상 권세에 대한 저항이며, 세상을 향한 내 믿음의 선포이다.

세상은 좀 더 열심히 일하고 좀 더 많은 성과를 내라고 외친다. 거기에 "No!"라고 저항할 수 있으려면 믿음이 있어야 한다. 안식일은 '네 믿음대로 행하면 하나님이 너를 끝까지 지키신다'라는 계시의 통로다. 또한 하나님보다 앞서가지 말고 속도를 늦춰야 한다는 사인이기도 하다. 그래서 마가복음에서 예수님이 이렇게 말씀하신 것일지도 모른다.

또 이르시되 안식일이 사람을 위하여 있는 것이요 사람이 안식일을 위하여 있는 것이 아니니 막 2:27

하나님이 우리를 창조하신 이유는 보고, 누리고, 즐기고, 다스리라는 것이다. 그런데 우리가 하나님이 정해주신 한계를 넘어서 피곤해지고 문제가 생긴다. 그래서 신학자 라인홀드 니부어(Reinhold Niebuhr)는 "죄의 본질은 피조물로서 우리 존재의 불안감 때문에 자신의 한계와 유한함을 극복하려는 욕구"라고 말했다.

속도를 늦추기 위한 방법

이튿날 모세가 백성을 재판하느라고 앉아있고 백성은 아침부터 저녁까지 모세 곁에 서 있는지라 출 18:13

출애굽한 이스라엘 백성들과 모세는 광야에서 많은 고생을 했다. 어느 날, 모세의 장인 이드로가 그들을 찾아왔다. 나는 모세의 부인이 자기 아버지에게 일렀다고 상상해본다.

"아버지, 모세는 나와 시간을 보내지 않고 백성들과만 있어요."

"애야, 그는 위대한 지도자니 네가 참아라."

"전 우울증에 빠져서 못살겠어요."

이드로가 가서 살펴보니 모세의 일이 너무 많았다. 홀로 앉아서 아침부터 저녁까지 애를 썼다. 그가 모세에게 물었다. "어찌하여 네가 홀로 앉아있고 백성은 아침부터 저녁까지 네 곁에 서 있느냐"(출 18:14).

모세는 백성들에게 규례를 알려주고 있다고 대답했다. 그러자 이드로는 "네가 하는 것이 옳지 못하도다 너와 또 너와 함께 한 이 백성이 필경 기력이 쇠하리니 이 일이 네게 너무 중함이라 네가 혼자 할 수 없으리라"(출 18:17,18)라고 지적했다. 이것이 리더가 갖는 가장 큰 부담이며 해결해야 될 숙제다. 내가 빠져도 돌아가게끔 일을 나누어야 한다.

이드로는 능력 있는 사람들을 살펴서 백성 위에 천부장, 백부장을 세우라고 권했다. 그들이 모세와 함께 일을 담당하면 좀 더 쉬워질 거라고 했다(출 18:21, 22).

모세는 장인의 말을 듣고 자기가 다 하겠다고 우기지 않았다. 혼자서 백성들을 책임지겠다고 하지 않았다. 장인의 말대로 행동에 옮겼다(출 18:24). 능력 있는 사람들을 뽑아서 천부장, 백부장으로 세웠다. 어려운 일은 모세에게 가져오게 했지만 작은 일은 그들 스스로 재판하게 했다.

속도를 늦추는 가장 중요한 방법은 '타인의 도움을 받아들이는 것'이다. 그러지 못하는 이유는 소유에 대한 집착 때문이다. 완벽주의적인 성격, 끝없는 인정욕구, 성과를 이뤄내야 된다는 생각이 속도를 늦추지 못하게 막는다.

죽음을 앞두고 호스피스에 있는 환자들이 가장 많이 하는 말이 이것이라고 한다.

"왜 좀 더 즐기지 못했을까요? 왜 사랑하는 사람과 더 시간을 보내지 못했을까요? 왜 아내의 손을 잡고 사랑한다는 말을 좀 더 못했을까요?"

그러나 일중독 성향이 있는 사람에게 쉬엄쉬엄 하라고 하면 대부분 화를 낸다. 인정욕구를 채워야만 하는 낮은 자존감 때문이다. 그러므로 먼저 그가 왜 남들보다 더 애쓸 수밖에 없는지를 충분히 공감해주라. 그도 멈추고 싶고, 속도를 늦추고 싶지만 그렇게 하지 못하는 상태이기 때문이다.

스타트업 기업을 성공적으로 일으킨 분을 상담한 적이 있다. 그의 열정이 아니었으면 그런 성장은 꿈꾸지 못했을 테지만, 그는 행복하지 않았다. '내가 아니면 안 된다'라는 생각을 끝까지 버릴 수 없었기 때문이다.

자신의 은사가 기업을 일으키는 데 있다면 그것을 유지하는 재능을 가진 인재가 도와야 한다. 자기가 쏟아 부을 수 있는 에너지의 한계를 인정해야 하는데, 그것이 무척 힘들다. 자기 상황을 직시하는 솔직함과 그것을 해결하기 위해 변화를 일으킬 수 있는 용기와 결단이 필요하다.

어떤 그룹의 리더가 되고, 지위가 올라갈수록 특권보다는 그에 따른 책임이 더해진다. 나무보다 숲을 보려면 분주함이 없어야 한다. 분주한 사람들은 하나님의 음성을 듣지 못한다.

출애굽기에서는 안식일에 주인만 쉬는 것이 아니라 남종과 여종과 짐승도 쉬라고 하셨다. 레위기에서는 땅까지도 쉬라고 하셨다. 쉼은 선택이 아니라 명령이다. 이 명령에 왜 순종해야 하는지 깊이 깨닫기 바란다.

속도를 늦추라는 사인들

✦ 시간은 없고 할 일이 많아
압박감에 시달린다

✦ 미래에 대한 걱정과
남들의 생각에 지나치게 신경을 쓴다

✦ 쉽게 마음에 상처를 입고 화가 난다

✦ 남들의 성공이 기쁘지 않다

chapter 11

위험한 숨은 갈망
: 행위중독

우리 모두에게는 시련과 광야의 시간, 유혹의 시간이 있다. 중독자들도 마찬가지다. 어두운 밤이 찾아오는 그 시간에 하나님을 만나고 그분과 친밀감을 가질 때, 제일 먼저 밀려오는 것은 감당할 수 없는 사랑이다. 그것이 은혜다.

십계명만 잘 지켜도 중독을 피할 수 있다

'중독'이라고 하면 알코올중독이나 마약중독을 떠올리기 쉽다. 그러나 평범한 사람들의 일상에서 쉽게 찾아볼 수 있는 중독도 많다. 사실 중독이 없는 사람은 거의 없다. 드라마중독, 설탕중독, 다이어트중독, 운동중독, 여행중독. 결론을 먼저 말하면 좋은 중독은 없다.

예전에는 대가족이 다 같이 살았기에 허전해하거나 외로워할 틈이 없었다. 그런데 요즘 사람들은 같이 있어도 허전하고 외롭다고 한다. 오히려 SNS에서 만난 사람들에게 더 친밀감을 느낀다. 요즘 중독이 문제가 되는 이유는 '영혼의 채울 수 없는 갈망'이 원인이라고 볼 수 있다.

하나님께서는 아담과 하와가 선악과를 먹지 못하도록 숨기지 않으셨다. 그 열매를 보여주면서 먹지 말라고 명하셨다(창 2:16,17). 내게 오랫동안 고민이 됐던 말씀이다.

'아예 못 먹게 만드셨다면 인간이 타락하지 않았을 텐데, 왜 하나님은 우리를 시험하셨을까?'

그런데 말씀을 계속 묵상하면서 해답을 얻었다.

'우리가 로봇이 아니구나. 먹을 수 있음에도 내 뜻을 죽이고 주님의 뜻을 따르게 하시는 하나님의 사랑이구나!'

그 사랑에 감격하며 그분의 뜻을 따르는 것, 행동으로 옮기는 것이 아름다운 복종이다. 그런데 사단은 이렇게 주장한다.

너희가 그것을 먹는 날에는 너희 눈이 밝아져 하나님과 같이 되어 선악을 알 줄 하나님이 아심이니라 여자가 그 나무를 본즉 먹음직도 하고 보암직도 하고 지혜롭게 할 만큼 탐스럽기도 한 나무인지라"라고 말한다 창 3:5,6

사단의 주장이 유혹을 집착으로 바꾸었다. 그냥 '먹음직하다'가 아니라 '먹음직한데…' 자꾸 생각나는 집착이 되었다.

중독도 마찬가지다. 드라마를 한 편 본다. 재미있다. 그 드라마가 할 시간만 되면 TV를 켠다. 드라마를 보는데 아이들이 시끄럽게 굴면 화를 낸다. 밤새도록 드라마를 대여섯 편씩 보고 잔다. 이 정도가 되면 이미 중독이다.

인간의 욕구와 진정한 타락을 가져오는 집착은 분명 다른 점이 있다. 인간의 욕구가 다 나쁜 것은 아니다. 하지만 과도한 집착의 결과로 우리는 율법이 필요하게 됐다. '율법'이라고 하면 거부감부터 갖는 사람들이 있다.

나도 그 중에 한 명이었다가 십계명을 깊이 묵상하며 감사하게 되었다. 하나하나가 하나님을 위해서가 아니라 나를 위해 만들어졌다는 것을 깨달았다. 모두 우리의 몸과 정신을 보호하기 위해 세워진 계명이었다.

모든 것이 가능하지만 모든 것이 우리에게 유익하지 않기에 하나님께서 주신 자유의지를 마음대로 쓰지 않기 위해 율법이 필요했다. 십계명은 우리를 보호하기 위한 가이드라인이다. 안식일을 지키지 않으면 일중독, 물건을 탐하는 것은 쇼핑중독, 남의 아내를 탐하는 것은 성중독과 관련이 된다.

행위중독은 내 마음대로 집착한 타락의 결과에서 오는 부작용이라고 볼 수 있다. 그래서 십계명을 지키지 않으면 누구나 쉽게 중독으로 갈 수 있다.

중독은 전염병과 같다

이렇듯 신체적, 영적, 정서적, 지적, 사회적 요소가 다 통합돼서 중독을 일으킨다. 그래서 요즘 미국의 DSM-5 진단체계에는 우리가 생각하는 술, 마약, 담배만이 아니라 행위중독도 포함된다.

일, 운동, 다이어트, 성형, 스마트폰, 섹스처럼 일상적이고 평범한 행위에 중독되는 것이다.

우리 모두에게는 쾌락물질이 필요하다. 실제로 스트레스를 받지 않더라도 존재 자체가 고통스럽기 때문이다. 하나님과 연결되지 않고 동떨어져서 그렇다. 이 세상의 삶 자체가 고통이다. 그것을 잊기 위해 우리 뇌는 쾌락물질을 필요로 한다. 그것이 '도파민'이다. 고통을 잊기 위해 분비되는 뇌의 호르몬이다. 그래서 중독은 끊기 어렵다.

담배를 피우기 위해 베란다로 나가는 남편에게 중독이라고 면박 주지 마라. 뇌가 시키는 것이다. 알코올중독도 마찬가지다. 어느 정도 그 레벨이 지나가면 도파민은 세포레벨에서 뇌를 변화시킨다. 한 개인의 의지 문제가 아니라 육체와 정신과 영적인 것까지 다 연합된 뇌의 변화가 일어난다.

그래서 알코올중독, 마약중독, 인터넷중독, 게임중독의 뇌 변화가 똑같다. 내용만 다를 뿐이지 쾌락을 일으키는 보상중추가 똑같다. 그래서 중독이 있는 사람들은 병원에 가야 한다.

어떤 사람들은 병 자체를 인정하지 않고, 하나님께 기도해서 없애겠다고 한다. 그럴 수도 있다. 하지만 암세포가 자라면 떼어내야 하듯이 뇌에 쾌락을 주는 중독물질도 조절해주는 약물을 복용해야 한다.

중독에는 네 가지 기본 증상이 있다.

- 갈망 – 가장 기본적인 중독 증상이다. 안 하면 못 견딘다.
  조절 능력을 상실한다.
- 내성 – 어느 날은 TV를 한 시간만 봐도 됐는데 그다음에는
  두 시간이 필요하다. 예전에는 드라마 한 편만 보면 됐는데
  이제는 두 편을 봐야 한다.
- 금단 – 갑자기 중단할 경우 발생하는 일련의 증상들이다.
  드라마를 안 보면 못살 것 같다. 갑자기 술을 안 마시면 금
  단 현상이 나타난다.
- 사회적, 직업적 장애 – 가정과 직장에서 문제가 발생한다.
  중독이 무서운 것은 한 개인만 무너지는 것이 아니라 그 사
  람의 일터와 가족에게까지 피해가 엄청나다는 데 있다.

중독으로 인한 뇌의 변화는 굉장히 심각하다. 중독된 뇌는 부
피가 줄어들어 중간 중간에 구멍이 나 있다. 특히 전두엽은 중요
한 이성적 판단을 하는 곳으로 충동조절을 한다. 그런데 중독이
되면 전두엽이 조절이 안 된다. 그래서 게임에 중독된 아이들이 충
동조절이 안 된다. 폭력적인 게임을 하지 않더라도 전두엽 발달에
이상이 오기 때문에 폭력 성향을 보이고 참을성도 없어진다.

흔히 5대 중독이라고 하면 약물, 알코올, 도박, 인터넷, 담배를

말한다. 이 중 대표적인 것이 알코올중독이다. 그런데 다들 자신의 얘기는 아니라고 생각한다. 하지만 실제 음주운전 적발 건수는 매년 25만 건이나 된다. 중독의 몇몇 사례를 살펴보자.

40대 직장인 A씨다. 그는 평소 주량이 소주 한두 잔 정도지만, 연말 송년회식에서 어쩔 수 없이 소주 한 병 정도를 마셨다. 그리고 취한 상태로 귀가하던 중 음주운전 차량에 치여 크게 다쳤다. 불특정 다수가 중독에 의해 피해를 볼 수 있다. 나만 조심해서 되는 문제가 아니다.

간접흡연도 마찬가지다. 전에는 2차 흡연의 위험성이 제기되었지만 요즘은 3차 흡연도 위험하다는 연구결과가 나왔다. 2차 흡연은 옆 사람이 피우는 담배 연기를 마시는 것을 말한다. 이로 인해 청소년이나 여성들의 폐암 발생률이 높다. 3차 흡연은 담배를 피운 사람의 옷에서 풍기는 일산화탄소를 옆 사람이 흡입하는 것이다. 간접흡연의 피해도 심각하다.

중3인 B양은 평소 부모님 말씀도 잘 듣고 학교 성적도 비교적 상위권을 유지하던 학생이다. 그런데 갑자기 무척 피곤해하고, 수업시간에도 집중하지 못하더니 학교 성적도 떨어졌다. 살펴보니 B양은 한 달 전부터 새벽 한두 시, 심할 땐 3시까지 친구들과 모바일 메신저로 대화하거나 스마트폰 게임을 하고 있었다. 그래서 불면증이 생겼고, 잠을 못 자니 학교 수업에 집중을 못했다.

청소년의 스마트폰중독은 정말 심각하다. 또래 아이들끼리 단체 대화방을 만들어 수시로 메시지를 주고받기 때문에 안 사줄 수도 없다. 그런데 너무 쉽게 중독이 생긴다. 방에서 혼자 몰래 하기 때문에 알아차리기도 쉽지 않다.

40대 여성 C씨는 급성 췌장염으로 내과에 입원했다. 입원 다음 날부터 검사 수치는 호전되었으나, 밤에 전혀 잠을 자지 못했다. 혈압과 맥박수도 급격히 증가되었으며, 식은땀을 심하게 흘렸다. 확인 결과, C씨는 알코올성 췌장염이었으며, 음주 중단으로 심한 금단 증상을 겪고 있었다.

그녀가 음주에 빠진 이유는 가족으로 인한 스트레스 때문이었다. 남편은 실직 이후 재미로 시작한 불법스포츠 도박에 빠져 수천만 원의 손해를 보았다. 또 엄마가 잦은 음주로 늦게 귀가하는 날이 늘자 중학교 2학년인 아들은 롤 플레잉 게임을 하느라 외박하는 날이 잦았다.

온 가족이 서로 중독을 일으킨 것이다. 중독이 무서운 것은 내게 집중하고 쾌락에 집중하다 보니 주변을 돌아볼 수가 없다는 점이다. 그러면 배우자와 자녀도 뭔가에 중독이 된다. 그들도 몰두할 것이 필요하기 때문이다. 마치 전염병 같다.

중독이 고립으로 가지 않으려면

중독으로 많은 가정이 붕괴되고 있다. 좋은 약이 많이 나와있지만 몰라서 제대로 치료받지 못하는 사람들이 많다. 약을 먹는다 하더라도 끊임없이 반복된다. 중독의 또 다른 문제는 경제적인 파탄이다. 중독자들은 거의 직업을 가질 수가 없다. 학생들은 학교도 못 다닐 정도다. 청소년과 학부모가 같이 내원하면 대강 감이 온다.

'아, 게임중독이구나!'

벌써 표정이 좋지 않다. 병원까지 왔을 때에는 전쟁을 몇 번 치른 다음이다. 중독 청소년은 부모에게 내쫓김을 당하고 PC방에서 밤을 새기도 한다. 최근 이런 아이들의 수가 두 배에서 다섯 배가량 증가했다고 한다.

그런데 아이들의 환경을 살펴보면 중독이 생길 수밖에 없다. 학교 끝나면 바로 학원, 학원 끝나면 집으로 오는 생활의 반복이다. 아이들의 숨통이 트일 데가 없다. 어떻게 보면 정상적인 아이일수록 더 못 견딜 것 같다. 정신적으로 취약해서 게임중독에 걸리는 것이 아니다. 하지만 엄마들은 그렇게 생각하고 애만 탓한다.

"정신 상태가 틀려먹었어. 네 의지 문제야!"

그런데 환경적인 문제가 분명히 있다. 부모는 '다른 애들은 다 괜찮은데 왜 우리 애만 이러지?' 하면서 아이들을 잡는다. 사실 아이들도 그러면 안 된다는 것을 안다. 그런데 이미 뇌의 변화가 생기고 각인이 됐다. 그러면 자연스레 거짓말을 하게 된다. 자존감도 떨어진다.

'나는 나쁜 애야. 엄마한테 막말하고 속이는 나쁜 애야.'

점점 나쁜 애가 되고, 학교에 가서는 수업시간 내내 존다. 그러면 선생님에게 좋은 얘기를 들을 리가 없고, 학부모는 학교에 불려가게 된다.

초등학교 선생님인 엄마가 있었다. 학교 아이들에게 게임하지 말라고, PC방 가지 말라고 교육을 시켰는데 자기 아이가 그러고 있었다. 그녀의 절망과 분노는 이루 말할 수 없었다. PC방으로 아이를 찾아다니며 일을 그만둬야 할지, 휴직을 해야 할지 고민을 많이 했다.

그런데 아이가 공부에는 도무지 관심이 없었지만 자동차에는 관심이 아주 많았다. 엄마는 공부에 대한 기대를 어느 정도 접고 타협점을 찾았다. 결국 아이가 관심을 갖는 자동차 분야로 대학 진학을 하게 됐다.

많은 학부모들이 인터넷중독으로 정신과까지 가야 되냐고 질문한다. 나는 이것이야말로 정신과와 연관이 깊다고 본다. 허전하고 우울하고 불안할 때 인터넷을 들여다보고 있으면 마음이 편해진다. 마치 애완견을 안고 있는 것처럼 뭔가에 접속된 느낌을 받는다.

그래서 인터넷중독자들을 보면 우울과 불안 지수가 굉장히 높다. 또 인터넷중독에 걸리면 시간 감각이 없어진다. 낮인지 밤인지, 30분을 했는지 1시간을 했는지 알 수가 없다. 그러면 생활이 불규칙해진다. 아이가 인터넷에 빠져 밥을 먹으러 안 온다며 밥을 갖다 주는 엄마도 있다. 이것은 절대 금지다. 식사하면서 인터넷 하는 것은 굉장히 나쁜 습관이다. 밥을 먹어도 포만감을 못 느낄 뿐더러 인터넷에 집중도 못하다 보니 쾌감도 올라가지 않는다.

그러면 인터넷을 하는 시간이 더 길어진다. 지나치게 오래 인터넷을 하면 인터넷세계에 빠진다. 현실세계와 동떨어진다. 그러면 공부나 업무 성과도 떨어지고, 다음 날의 생활에도 지장을 준다. 대인관계에도 관심이 없어진다. 인터넷으로 다 엿볼 수 있기 때문에 이웃이 궁금하지 않다. 사람을 안 만나고 고립된다. 그러면 인터넷을 더 많이 사용하게 된다. 악순환이다.

청소년 인터넷중독 예방 수칙이 있다. 위에서 말한 것들이 다 포함된다. 몇 가지만 꼽자면 인터넷을 하면서 식사를 하지 말 것, 할 일을 먼저 한 다음에 컴퓨터를 하게 할 것, 엄마가 컴퓨터 전원을 확 끄지 말 것 등이 있다.

스트레스를 풀기 위해 중독에 빠진다는 함정

경제적으로 매우 어렵게 성장한 K는 넉넉한 가정의 친구들에게 늘 부러움을 느꼈다. 결혼을 해서는 묵묵히 살림하며 가족에게 헌신했는데 20여 년을 되돌아보니 남편과 아들의 뒷바라지만 했다는 생각에 허전한 느낌을 지울 수 없었다.

젊은 시절 날씬했던 체형도 변해버렸고, 살림만 한 까닭에 내세울 경력도 없는 게 한심하게 느껴졌다. 친구들을 만나면 더 스트레스를 받았다. 그런 그녀를 유일하게 달래주는 것은 쇼핑이었다.

돈도 많이 탕진했고 카드도 몇 번이나 잘랐다. 아무리 물건을 사도 허전한 마음을 위로할 수 없었다. 새 가방을 사면 기분이 좋았지만 일주일을 가지 않았다. 새 옷을 입으면 좋긴 한데 곧 '이걸 왜 샀을까' 하고 후회했다. 쇼핑하고 다시 가서 바꾸기를 반복하면서 스스로 너무 한심하다는 생각이 들었다.

그녀는 결국 충동을 조절하는 약을 먹고 좋아졌다. K가 진짜 사고 싶었던 것은 '잃어버린 자신'이었다. 젊음과 예전의 모습을 찾고 싶었던 것이다. 충동을 조절하는 약을 먹고, 심리치료를 하면서 결혼생활을 돌아보니 잃은 것만 있는 건 아니었다. 잃은 것 반, 얻은 것 반이었다.

그러면서 통합적으로 큰 그림을 보게 됐다. 자신의 현재 모습을 그대로 받아들이고, 취미생활을 즐기며, 남을 위해 살아야겠다는 긍정적인 방향으로 생각이 바뀌었다. 그러자 쇼핑을 하지 않게 됐다. 정말 필요해서 쇼핑을 한 게 아니었기 때문이다.

정신과는 응급상태가 없는데, 가장 큰 응급이 알코올중독이다. 간경화가 오면서 간성혼수에 빠져 사망하기 때문이다. 간경화 말기 환자를 맡은 적이 있다. 그의 상태가 조금 좋아지면서 정신과로 의뢰가 왔다.

그는 자기가 알코올중독이 아니라고 했다. 간경화까지 왔으면서 말이다. 간경화가 오면 소화가 안 된다. 간이 견디질 못한다. 술을 아예 못 마시는 상태가 된다. 그런데 본인은 술을 안 마실 수 있다며 알코올중독이 아니라고 우겼다. 나중에는 가족들도 내버려뒀다. 하지만 중독은 혼자 못 끊는다. 옆에서 끊도록 도와야 한다.

흡연자는 스트레스를 풀기 위해 담배를 핀다고 합리화한다. 담배를 안 피면 더 스트레스를 받는다고 주장한다. 금단 현상이 생기기 때문이다. 초조, 불안 증상이 나타난다. 그것을 스트레스 때문이라고 생각한다. 담배를 피우면 불안 증상이 없어지니 스트레스가 풀린다고 생각한다.

그러나 이것은 의학적으로 맞는 말이 아니다. 단지 금단 현상이 없어지는 것뿐이다. 스트레스 받았으니 한 잔 해야 한다, 우울하니까 드라마 봐야 한다는 것은 다 합리화다. 이런 것을 숨어서 몰래 하다 걸리면 죄책감, 수치심에 빠져든다.

내게는 중독을 이겨낼 힘이 없다

많은 중독자들을 접하다 보면 '하나님의 긍휼이 필요한 때구나'라는 생각이 든다. 의사인 나도 포기하고 싶을 때가 있다. 계속 재발하기 때문이다. 그래서 '나를 불쌍히 여기소서. 나는 죄인입니다'라는 고백이 중독자와 중독자 가정에 있어야 한다.

예수님도 이와 같은 외침에 귀를 기울이셨다. 그래서 중독 치료의 본질은 탕자가 집으로 돌아가는 길과 같다. 신학적인 본질이기도 하다. 하나님을 향한 열망을 우리가 다른 것으로 대체했다.

탕자처럼 자기 멋대로 살다가 돌이켜 자신의 최악의 상태를 보게 된다. 거지처럼 빌어먹다가 다행히도 정신을 차리고 은혜를 구한다. 하나님을 향한 일시적인 욕구를 찾는 귀향의 과정이 곧 중독의 치료이다.

중독 치료는 예전부터 기독교에서 활발하게 진행되어 왔다. 중독 치료 1단계는 인정하는 것이다. '나는 죄인이다. 연약하다. 중독을 이길 수 없다'라고 인정해야 한다. 사실 어떤 병이든 치료를 위한 1단계는 '나는 그 병을 이길 수 있다. 나는 힘이 강하다. 이길 능력이 있다'이다. 하지만 중독의 치료법은 반대로 자신의 연약함을 인정하는 데서 시작한다.

우리 스스로 고칠 수 없다. 하나님의 은혜가 절대적으로 필요하다. 제랄드 메이(Gerald G. May)는 《중독과 은혜》에서 "인간의 의지가 하나님의 의지와 조화를 이루어 행동하기를 선택할 때 은혜의 힘은 가장 충만히 흘러 넘친다"라고 말한다.

주변에 중독 가정이 있다면 "의학의 힘을 빌리는 것과 함께 기도하며 이겨내는 것 두 가지가 다 필요하다"라고 말해주라. 특히 뇌에 이미 변형이 왔기 때문에 더욱 더 그렇다.

우리 모두에게는 시련과 광야의 시간, 유혹의 시간이 있다. 중독자들도 마찬가지다. 어두운 밤이 찾아오는 그 시간에 하나님을 만나고 그분과 친밀감을 가질 때, 제일 먼저 밀려오는 것은 감당할 수 없는 사랑이다. 그것이 은혜다.

매일같이 술을 두 병씩 마시던 알코올중독자가 한 병으로, 반 병으로 줄이다가 끊지 않는다. 어느 날 선포하고 바로 끊는다. 감당할 수 없는 사랑을 느끼면 그렇게 된다. 그것이 바로 은혜다. 은혜의 보답으로 내 의지가 샘솟듯이 솟아나는 것이다. 더 이상 중독물질이나 중독행동이 필요 없어진다.

목마른 자도 올 것이요 또 원하는 자는 값없이 생명수를 받으라 하시더라 계 22:17

약속의 말씀이다. 그러면 우리의 선택과 책임, 의지는 어떻게 되는가? 기도와 묵상, 실행에 옮기는 것, 의지, 치료가 모두 필요하다. 치료의 의지도 의지다. 뇌의 패턴에 덜 의존하고, 죄의 유혹에 최대한 저항한다. 그러면서 하나님의 은혜와 자비, 고쳐주실 것에 대한 확신과 신뢰의 여정을 걷는 것이다. 탕자가 집으로 가듯이 말이다.

우리와 똑같은 인성을 입고 이 땅에 오신 예수님은 유혹을 어떻게 이겨내셨는가? 마태복음 4장에서 사단은 예수님을 세 가지로 유혹한다. 40일 금식을 하신 예수께 돌을 떡으로 만들라고 한다. 인간의 기본 생명권, 존엄성을 상징하는 것이 식욕에 대한 시험이다.

예수님은 할 수 있지만 안 하셨다. 이것은 매우 중요하다. 우리는 술을 마실 수도 있고, 다른 것들을 탐닉할 수도 있다. 그렇지만 안 하기로 선택하는 것이다. 예수님은 인간의 연약함을 인정하지 말고, 하나님같이 되라는 유혹에 말려들지 않으셨다. 자신을 합리화하지 않고, 도망가지 않고, 자유의지를 힘 있게 선포하셨다.

사람이 떡으로만 살 것이 아니요 하나님의 입으로부터 나오는 모든 말씀으로 살 것이라 하였느니라 하시니 마 4:4

예수님은 성경 말씀을 인용하실 뿐, 자신이 할 수 있는 것을 하지 않으셨다. 나는 중독 치료의 열쇠가 여기에 있다고 생각한다. 내가 할 수 있는 것을 안 하는 힘, 내가 연약하다는 것을 인정하는 힘 말이다.

마지막으로 사단은 온 세상 나라들을 보여주면서 자기에게 엎드려 경배하면 이 모든 것을 주겠다고 했다. 예수님은 "기록되었으되 주 너의 하나님께 경배하고 다만 그를 섬기라 하였느니라"(마 4:10)라는 말씀으로 답변을 대신하셨다.

이처럼 모든 유혹을 이겨내신 예수님은 항상 우리에게 선행과 선처를 보이신다. 모범을 보이심으로 우리에게 힘을 주신다.

겸허한 존엄성, 책임감, 겸손하게 연약함을 인정하는 것이야말로 예수님이 우리에게 보여주신 모범이다. 그리고 이것이 우리에게 중독을 이길 힘을 준다.

서로 상처받지 않는 인간관계는
너무 피상적이지 않나요?
상처받지 않으면서 깊은 관계가 가능할까요?
잘해주는 만큼 받고 싶은 것은
나쁜 마음일까요?

에너지를 쏟을 사람들에게
우선순위를 두세요.

사람들에게는 베푼 만큼 받으려는 본능이 있습니다.
그것은 나쁜 마음이 아니에요.
하지만 성숙한 관계를 이어나가는 사람은
좀 더 나누어주려고 애씁니다.
상대를 위해 자신을 내어주려고 노력하지요.

'과연 누구를 위해 잘해주는 것인가?'
스스로 질문해보세요.
'상대방의 마음을 얻어 관계에서 우위에 서려는 마음이
조금이라도 있는 것은 아닐까,
아니면 아무 대가나 보상이 없더라도

상대가 잘되길 바라는 마음에서 우러나온 것일까?'
그 답은 자기 마음속에서 찾을 수 있을 것입니다.
사람은 영혼을 지녔기 때문에
서로의 영혼이 어떤지 잘 압니다.
하지만 모든 관계에서
영혼 있는 깊은 만남을 추구하다 보면
정말 소중한 관계에 힘을 쏟을 에너지가 부족해집니다.

스치는 인연이 있어야
머무는 인연에게 더 잘할 수 있는 법입니다.

관계를 잘 맺으려면 감성과 영혼의 소리도 중요하지만,
이성적으로 내가 에너지를 쏟을 사람들에게
우선순위를 두어야 해요.
그리고 그렇지 못한 피상적인 관계도 필요합니다.
당신이 에너지를 쏟을 만한 사람들은
당신의 친절과 배려를 밀어내거나 외면하지 않습니다.
그것을 되돌려주는지,
주지 않는지에 집착할 필요가 없습니다.
그는 내 친절과 호의를 받을 자격이 있기 때문이지요.

상처받지
않고
끝까지
사랑하기

4
PART

친밀함의 기술,
자기중심에서 벗어나라

chapter 12

데이트,
결혼예비상담

결혼에 대한 서로의 의견을 멘토링 해줄 수 있는 상담자와 만남은 결혼이라는 낯선 곳을 향한 두려움과 걱정을 덜어내는 기회가 될 수 있다.

데이트를 할 때 이것만은 기억하라

요즘 아이들은 일찍 이성에 눈뜨고, 성인 영상물도 많이 접해서 남녀관계에 굉장히 능숙할 것 같지만 여전히 서툴다. 청년들이 관계에 소심하다. 쿨한 것 같지만 상대방이 연락을 안 하면 자살을 생각할 정도다. 그래서 데이트할 때 주의해야 할 일곱 가지가 있다.

: 우정부터 쌓아라

나는 소개팅에 나가서 너무 따지지 말라고 조언한다.

'얘랑 결혼하면 어떨까? 아파트 정도는 마련할 수 있을까?'

이것보다 같이 있는 시간이 즐거워야 한다. 그래서 우정을 먼저 쌓으라고 말한다. 왜냐하면 결혼은 삶의 동반자, 친구를 찾는 것이기 때문이다.

: 둘에게만 집중하지 마라

둘만 만나지 마라. 으슥한 곳에서 만나는 것만 이야기하는 것이 아니다. 매일 둘만 만나서 데이트하지 말라. 둘만의 시간에 너무 집중하다 보니 말리면 말릴수록 더 불이 붙는다.

: 싸움을 해봐라

갈등을 해결하는 능력을 서로 테스트해볼 필요가 있다. 상대방의 습관도 봐야 한다.

: 혼전 성관계를 가능한 한 거부하라

요즘 세상에 무슨 말이냐고 할 수 있다. 결혼은 30-40대로 늦어지고 사춘기는 빨리 온다. 성에 대한 정보들은 범람한다. 무조건 참으라고 하기 어렵다. 그러나 하나님께서 결혼관계 안에서만 성을 허락하신 이유가 있다. 가장 안전하기 때문이다.

결혼 안에서 성관계를 할 때만 우리 마음이 다치지 않는다. 또 성은 단순히 육체적인 연합만이 아니라 영적인 연합이다. 그래서 '가능한'이라는 단어를 넣었다. 혹시 가능하지 않아도 너무 상처 받지 마라. 자책하거나 원망할 필요도 없다. 한 번 그랬다 할지라도 되도록 되풀이하지 않으면 된다.

혼전 성관계는 둘 사이를 객관화시켜서 바라보지 못하게 한다. 여성 호르몬, 남성 호르몬의 변화로 서로를 평가하거나 우정으로 지내기 힘들다. 결혼을 하고 나면 그때부터 그 사람의 진짜 모습이 보이기 시작한다. 그래서 성관계는 최대한 남자 친구, 여자 친구를 설득해서 미뤄야 한다.

상대방이 혼전 성관계를 원하지 않는다면 지켜주어야 한다. 상대방의 몸이 내 몸이 아니기 때문이다. 그래서 최대한 보호해줘야 한다. 21세기에 사도 바울이 살았다면 "다만 지킬 수 있으면 지키되 지키지 못할 경우 그 책임은 네게 있다. 그 결과는 네 몫이다"라고 말했을 것 같다.

요즘은 낙태도 많고, 데이트 폭력도 많다. 성폭행을 당하고 고소하기 위해 진단서를 끊으러 병원에 오기도 한다. 그래서 나는 커플들에게 부모님께 교제 사실을 밝히고 집에서도 만나라고 말한다. 그러면 90퍼센트가 아직 안 밝혔다고 펄쩍 뛴다. 분명히 반대부터 하실 거라고. 어떻게 보면 부모세대에게도 문제가 있다. 미리 앞서서 걱정과 염려를 퍼붓는다. 만나기도 전에 무조건 맘에 안 들어 한다. 그래서 아이들이 교제 사실을 알리길 싫어한다.

: 결혼을 결정하기 전에 공동체의 권면을 들어라

교회 어른이나 멘토, 목회자, 상담자가 결혼 결정에 대해 의견을 말할 수 있어야 한다. 감정을 기반으로 한 결정보다는 현실적인 판단이 필요한 것이 결혼이다. 결혼은 공동체의 연합이기도 하다.

: 상대를 위해 자기의 삶을 다 포기하지 마라

대학교 때 만난 남자 친구를 위해 유학을 포기한 자매가 있었다. 그 남자 친구는 군대에 다녀와서 자기 인생을 위해 유학을 떠났다. 이 일로 자매는 다니던 교회도 나가지 못하게 되었다.

내 삶의 주인은 나이고, 선택의 책임도 내게 있다. 남자 친구나 여자 친구 때문에 중대한 결정이 흔들려서는 안 된다. 자신의 삶을 책임감 있게 사는 모습이 서로에게 끊임없는 자극과 매력으로 남는다는 것을 기억하라.

: 이별 후에 바로 새로운 이성을 사귀지 마라

내 연애 패턴은 곧 '내 모습'이다. 1~2년 만에 한 번씩 나를 찾아오던 여성이 있었다. 실연 후 상실감으로 힘들어하던 그녀는 얼마 지나지 않아 바로 표정이 밝아졌다. 아니나 다를까 또 다른 연애를 시작한 것이다.

나는 실연한 커플에게는 적극적으로 '비연애의 자유'를 누리라고 말한다. 철저하게 혼자 행복할 수 있는 사람이야말로 연애를 시작할 준비가 된 것이다. 사람으로 받은 상처를 사람으로 달래지 마라.

어떤 사람과 결혼해야 할까?

몇 년 전 한 기독교대학에서 강의를 한 적이 있다. 강의가 끝나고 질의응답 시간에 한 여학생이 질문했다.

"어떤 사람과 결혼해야 하나요?"

정말 좋은 질문이었기에 성실하게 답변해주고 싶었지만, 그 주제만으로 1시간의 강의가 필요했다. 나는 그 여학생에게 응급 알약 한 알을 쥐어주고 싶은 마음이 들었다.

그래서 올바른 배우자를 볼 줄 아는 능력이 생기려면 시간이 걸리지만, 먼저 그가 사용하는 '언어'를 잘 살펴보라고 이야기해주었다. 그 안에 사랑이 있는지, 지혜가 있는지 봐야 한다(잠 25:11 참조).

아무리 내게 맞는 배우자를 선택했다고 생각해도 결혼을 이어주는 가장 중요한 유대감은 예수께 헌신된 두 남녀가 서로에게 헌신하는 것이다. 이런 헌신에 대한 준비가 되어있지 않다면 결혼을 미루는 편이 낫다.

좋은 배우자를 선택하는 사람들은 특징이 있다.

: 동반자 같은 짝을 찾되, 비기독교인보다 기독교인을 선택한다

성경에 "너희는 믿지 않는 자와 멍에를 함께 메지 말라"(고후 6:14)는 말씀이 있다. 어떤 자매들은 남자 친구와 그의 집안을 구원하겠다는 사명을 평생 십자가로 받고 결혼을 결심한다. 사랑으로 극복하겠다는 뜻이다. 그러나 현실은 대다수가 남편과 함께 교회에 나가지 않는 방향으로 흘러간다.

단순히 교회를 출석한다고 해서 똑같은 기독교인이 아니다. 되도록이면 하나님에 대한 헌신도와 영적 성향이 비슷한 사람을 만나는 것이 좋다. 그래야 함께 신앙생활을 하면서 자녀를 하나님의 제자로 양육할 수 있다. 그렇지 않다면 평생 그와 그 집안을 전도하느라 모든 에너지를 쏟아야 한다.

: 외모보다 사랑을 할 수 있는 성품을 갖추었는지를 우선시한다

외모는 변하지만, 성품은 바뀌지 않기 때문이다. 성품은 상대의 언어를 살펴보면 알 수 있다. 그의 말에 유연함, 친절함, 인내심, 정서적 안정감, 친밀감, 감사, 유머, 감정표현이 있는가? 나보다 상대를 낮게 여기는 겸손함으로 서로의 가치관이나 소명을 지지하는가?

무엇보다도 사랑의 대표적 특성은 오래 참음이다. 의사소통을 하거나 갈등을 해결하는 과정에서 기다려주는 사람인지를 보아야 한다.

: 기다리지만 말고 배우자를 찾아 나선다

결혼이 인생에서 얼마나 중요한지 아는 이들은 20대 초반부터 사람을 많이 만나면서 보는 눈을 키운다. 이삭의 배우자를 찾기 위해 다른 지역으로 종을 보낸 아브라함을 생각해보라. 그는 그 동네에서 가장 예쁘거나 돈이 많은 여성을 찾지 않았다. 다른 조건들은 생략하고 오직 낙타에게 물을 챙겨줄 수 있는 성품을 가졌는지 확인했다.

: 결혼을 결정하는 과정에서 권위자의 말을 경청한다

자신의 결혼에 누군가 반대의견을 낸다면 그만한 이유가 있다

는 것을 숙고한다. 교회에서 결혼식이 취소되었다는 안타까운 안내문을 본 적이 있다. 청첩장까지 만들어놓고 파혼을 하는 것은 큰 아픔이지만, 이혼의 상처보다는 극복하기 쉽다.

누군가 반대하거나 그 사람과 결혼하는 것이 자신 없다면 반드시 이성적으로 판단해야 한다. 결혼은 개인의 감정에 의존하는 것이 아니라 공동체 안에서의 연합이기 때문이다.

: 매력 있는 배우자를 선택하는 사람들은
먼저 스스로 매력 있는 배우자가 되려고 노력한다

결혼이라는 연합을 통해서 복음의 강력한 메시지를 전달할 만한 영혼의 자양분을 가지려는 노력을 해야 한다. 더불어 재정적으로 어느 정도 안정되어야 하며, 한 가정을 책임질 수 있는 독립성을 가져야 한다.

: 내가 원하는 결혼을 잘 알고 있다

결혼을 한 이후 남녀의 역할 분담, 원가정의 부모와 관계, 자녀 양육에 대한 생각, 직업이나 여가시간에 대한 계획, 서로의 경제관념 등을 충분히 나눈다. 말로 표현하지 않고는 상대방이 꿈꾸는 결혼과 내가 만들어가고 싶은 결혼을 함께 그려나갈 수 없다. 대부분 교제를 시작하면 데이트를 즐기느라 가치관이나 삶의 목적에 대한 진지한 대화를 놓치기 쉽다.

: 상대의 부모를 교제 초기부터 알고 지낸다

대부분의 커플이 서로 결혼을 결정한 상태에서 양가 부모님께 인사를 시킨다. 어떻게 보면 "우리는 결혼을 결정했으니 알아서들 결혼식에 오세요"라는 통보인 셈이다.

내가 원하든 원하지 않든 상대의 가족사와 부모의 영향력이 결혼생활에 영향을 미칠 것은 분명하다. 그러니 결혼을 전제로 만나려고 한다는 것을 부모님께 알리고 교제를 시작하자. 부모가 무조건 반대할 거라고 생각하여 이야기를 꺼내지 못한다면 반대할 만한 이유가 무엇인지 심각하게 고려해보아야 한다.

: 동정심으로 결혼하지 않는다

'내가 저 사람을 구해주고 보호해주고 싶다'는 마음을 사랑으로 착각하는 경우가 종종 있다. 도와주고 싶은 사람과는 좋은 친구가 되는 것으로 충분하다. 구원자 환상에서 벗어나라.

: 이별이 두렵거나 만나온 시간이 아까워서 결혼하지 않는다

오랫동안 연애를 하다가 결혼 적령기가 되면 다른 사람과 다시 시작할 자신이 없어서 결혼을 결정하는 이들도 있다. 결혼 상대가 아니라면 헤어짐의 고통이 차라리 낫다.

: 성행위가 결혼의 조건이 되지 않는다

데이트하는 동안 최대한 혼전순결을 지켜야 하는 이유가 여기

에 있다. 결혼 안에 두신 성에 대한 하나님의 계획을 안다면 혼전 순결에 대한 신념이 굳어질 수밖에 없다.

대학생들을 상대로 혼전순결에 대해 강의한 적이 있었는데 뜻밖의 반응이었다. 성적 자유를 누리는 것이 당연하다는 문화 속에서 '내 몸을 내어주고 주장하는 것이 개인의 신념에 달려있다'는 메시지가 충격적이라는 반응이었다.

혼전 임신으로 결혼을 한 커플을 상담한 적이 있다. 그들은 임신이 아니었다면 결혼하지 않았을 것이라는 생각이 떠나지 않는다고 했다. 성행위를 시작한 커플은 이성적인 판단보다는 성적 쾌락에 몰입하기 쉽다.

결혼 안에서만 성이 허락되는 이유

나는 상담을 하면서 많이 고민했다.

'왜 성은 결혼관계에만 국한돼야 하는가? 성행위가 우리 몸에 도움이 되는데 결혼을 하지 않은 사람들은 어떻게 해결해야 할까? 10대부터 시작되는 성욕이 결혼관계에서만 해결될 수 있다면 20년 가까이 성욕이 왕성한 시기를 어떻게 보내라고 조언해주어야 하는가?'

이 질문에 C. S. 루이스가 해답을 줬다. 결혼생활이 아닌 상태에서의 성관계는 "삼키고 소화할 뜻 없이 음식의 맛만 보는 행위"라고. 먹고 소화시킬 생각 없이 맛만 보고 뱉는다는 것이다. 그만큼 무책임한 행위다. 먹는 의미가 없다. 소화도 시키지 않고, 영양으로 가지도 않는데 왜 먹느냐는 것이다.

성욕은 다른 본능적 욕구와 어떻게 다른가? 식욕은 배고플 때 먹으면 해결된다. 맛있는 걸 먹으려 한다. 그렇다면 성욕도 굶주리면 채워야 하는 것 아닌가? 하지만 성욕은 다르다. 상대방에게도 영향을 주는 욕구이기 때문에 자기가 원한다고 무조건 탐할 수는 없다.

마르틴 루터는 "성욕은 다른 본능적 욕구와 어떻게 다른가?"라는 질문에 "새가 머리 위로 날아가는 것은 어쩌지 못하지만 정수리에 둥지를 트는 것은 막을 수 있다"라고 대답했다.

성에 대한 유혹은 결혼 전이나 후나 끊임없이 있다. 새가 머리 위로 날아가는 것처럼 어쩔 수 없는 욕구가 생길 수 있다. 그럼에도 그런 유혹이 있을 때 둥지는 틀지 않게 해야 한다. 생각이 들어도 행동으로 옮기지 말라는 것이다. 결혼했다면 유혹적인 그 사람을 만날 생각으로 거울을 보는 것부터 하지 말라는 것이다.

데이트 폭력은 사랑이 아니다

경찰청 자료에 의하면 3일에 1명꼴로 데이트 폭력에 의해 사망한다고 한다. 지난 5년간 하루 평균 20건, 1년 평균 7,000건이 보고되고 있다.

영국에서는 2009년 데이트 상대의 가정폭력과 전과 등을 조회

할 수 있는 '클레어 법'을 통과시켰다. 사랑이라는 가면 아래 이루어지는 연인 사이의 폭력은 다음과 같다.

집착이나 소유욕이 심해서 수시로 상대방의 휴대폰을 점검하거나 마음에 들지 않으면 욕설과 비난을 한다. 원하지 않는 행동을 억지로 시키거나 수시로 연락을 해서 답이 오지 않으면 화내는 경우도 있다. 헤어지자는 말을 듣고 자신을 무시했다고, 상대에게 버림받았다고 생각하여 상대의 회사나 집까지 찾아가서 괴롭히기도 한다. 대부분 충동조절이 잘 되지 않고 술을 잘 마시거나 폭력적이다.

또한 자존감이 낮아서 비난을 못 견디며, 자기중심적이어서 남과 타협을 잘 못하는 성격이라면 위험요인이 높다. 처음에는 이러한 소유욕을 사랑으로 착각하기 쉽다. 사랑이 아니라 집착인데도 말이다. 이게 아니다 싶어서 헤어지자고 말해도 쉽게 놓아주지 않는다.

크게 두 가지 반응을 보일 것이다. "어떻게 나한테 이럴 수 있냐"는 피해의식과 낮은 자존감으로 인한 "나 같은 사람이 어디 가서 이런 사람을 또 만나겠냐"는 집착이 끈질기게 이어진다.

이런 사람과 이별하려면 '안전 이별'을 지혜롭게 미리 준비하라고 말해주고 싶다. 헤어질 수 있다는 암시를 조금씩 비추어야 한다. 미루지 말고 공개된 장소에서 낮에 솔직하게 말하는 것이 좋다. 간혹 말하기 두려워서 이메일이나 문자로 통보하는 경우가 있는데, 오히려 상대에게 모욕감을 준다. 절대 상대를 비난하거나 책임을 돌리지 마라.

또 헤어짐을 통보한 이후 상대가 잘 지내고 있는지 연락하고 싶은 마음을 억제하고, SNS나 기타 연락망도 자제하라. 여전히 친구로 남을 수 있다는 말에 쉽게 이끌리지 말고 신체적인 접촉은 되도록 피하라.

우리나라 사람들은 이별에 익숙하지 않다. 하지만 이별을 부끄럽게 여길 필요가 없다. 결혼을 안 할 자유, 연애를 안 할 자유가 있는 것처럼 헤어질 자유도 있다. 다만 실연의 아픔이 너무 크지 않기를 바란다. 사랑을 배우는 시기에 자기만족만을 위한 사랑이 아니라 남에게 나를 내어주는 사랑을 배웠으면 좋겠다.

결혼예비상담은 언제쯤 받아야 좋을까?

보수적인 기독교인들의 이혼율이 오히려 비기독교인들보다 더 높다는 보고가 있다. 미국에서는 결혼을 앞둔 기독교인 커플의 30퍼센트가 결혼예비상담을 어떤 형태로든지 경험한다고 한다.

나도 교회에서 결혼예비상담을 진행한 적이 있는데, 결혼식 날짜를 받은 다음에 하는 것이 과연 옳은지 고민이 되었다. 개인적으로 결혼예비상담은 교제 이전에 10대 청소년부터 시작하는 것이 좋다고 생각한다.

이성교제를 시작하는 나이에는 이미 결혼에 대한 비현실적인 기대가 어떤 것인지 알고 있어야 한다. 결혼은 스트레스를 주는 인생의 중요한 변화이며 외로움의 치유책도, 지루한 인생의 탈출구도 아니다. 결혼이 주는 유익과 이혼의 영향력에 대해서도 교육해야 한다.

결혼 후에는 여러 영역에서 역할의 변화가 일어나는데 특히 자녀양육, 가족, 여가, 친구, 시간활용, 재정관리 등을 짚고 넘어가야 한다. 저마다 어떤 결혼을 원하는지 대답할 수 있어야 한다.

요즘 젊은이들은 살아보고 결혼해야 한다며 동거를 선호하기도 한다. 하지만 동거에서 이어진 결혼이 결코 행복을 보장하지 않는다는 통계가 있다. 동거 후에 결혼한 커플이 이혼할 가능성이 동거를 하지 않은 커플보다 50퍼센트나 더 많다고 한다.

혼전 성관계나 결혼 후 성적 순결에 대한 가치관도 짚고 넘어가야 한다. 이미 성관계를 시작한 커플도 이로 인하여 다른 사람들과 상호작용을 덜 하게 되거나 육체를 탐닉하느라 서로의 감정이나 생각을 나눌 기회가 줄어들지 않았는지 서로 의견을 묻고 답할 수 있어야 한다.

결혼을 앞두고 있다면 결혼의 위기를 야기하는 위험요인들을 점검해야 한다. 짧은 교제 기간, 재정문제, 너무 많은 나이 차이, 임신한 신부, 충동적인 성향, 분노와 폭력 행사, 가족들의 반대, 종교의 차이, 결혼식에 대한 이견 등은 대표적인 위험요인으로 꼽힌다.

결혼예비상담이 얼마나 도움이 되었는지에 대한 충분한 통계는 아직 없지만, 힘겨운 감정이나 의견 차이를 이해하는 계기가 되고 있다. 결혼에 대한 서로의 의견을 멘토링 해줄 수 있는 상담자와 만남은 결혼이라는 낯선 곳을 향한 두려움과 걱정을 덜어내는 기회가 될 수 있다.

어떤 사람과 결혼해야 할까?

✤ 동반자 같은 짝을 찾되,
비기독교인보다 기독교인을 선택한다

✤ 외모보다 사랑을 할 수 있는
성품을 갖추었는지를 우선시한다

✤ 기다리지만 말고 배우자를 찾아 나선다

✤ 결혼을 결정하는 과정에서 권위자의 말을 경청한다

✤ 매력 있는 배우자를 선택하는 사람들은
먼저 스스로 매력 있는 배우자가 되려고 노력한다

✤ 내가 원하는 결혼을 잘 알고 있다

✤ 상대의 부모를 교제 초기부터 알고 지낸다

✤ 동정심으로 결혼하지 않는다

✤ 이별이 두렵거나 만나온 시간이 아까워서
결혼하지 않는다

✤ 성행위가 결혼의 조건이 되지 않는다

chapter 13

결혼의 비밀,
강력한 복음의 메시지

결혼생활은 로맨스에 근거해서는 결코 유지될 수 없다. 나는 "결혼은 공개적인 언약이다. 사랑으로 결혼하는 것이 아니라, 결혼으로 사랑하게 되는 것이다"라고 말하고 싶다.

이혼할 수 있다고 생각하는가?

어느 교회의 결혼예비학교에 강사로 간 적이 있다. 결혼을 앞둔 커플들의 모임에서 "이혼할 수 있다고 생각하는가?"라고 물었다. 놀랍게도 몇몇 젊은이들은 할 수 있다고 대답했다. 서로 맞지 않으면 어떻게 계속 사느냐는 것이다. 개인의 행복이 더 중요하기 때문에 이혼하겠다고 했다.

나는 주례자가 결혼 직전에 예비 신랑과 신부에게 "이혼할 수 있다고 생각하십니까?"라는 이 질문을 꼭 해야 한다고 생각한다. 하나님이 계획하신 결혼의 비밀을 알고 있다면 '이혼은 내 사전에 없다'는 결심으로 출발해야 한다.

물론 이혼 외에는 답이 없는 경우도 있다. 하지만 폭력과 외도를 '무조건 이혼'에 합당한 이유로 내세울 수도 없다고 생각한다.

어떤 사람들은 '배우자의 외도를 겪어보지 않아서 모르는구나. 맞아보지 않아서 모르는구나'라고 생각할 수 있다. 배우자가 암이나 심각한 질병에 걸렸다고 해서 전부 이혼하지는 않는다. 가족이 힘을 합쳐 투병생활을 하면서 가족애를 확인하기도 한다.

나는 정신과적으로 볼 때 외도는 병이라고 생각한다. 그러기에 가족이 함께 개선해야 한다. 폭력도 병이다. 병은 당사자와 가족이 함께 고치려는 의지가 있어야 한다.

이미 저지른 외도와 폭력을 다 묻어두라는 것이 아니다. 모든 상처를 없었던 일로 하자는 것도 아니다. 다만 상당히 많은 부부들이 결혼을 지키고 행복을 추구하겠다는 의도로 용서를 하며 살아간다는 사실을 기억하라.

크리스천이니까 은혜로 용서하라고 하면 "제가 왜요? 저는 그 사람의 잘못을 도저히 잊을 수 없어요. 죽을 때까지 못 지워요"라고 한다. 정말 지우기 힘든 것이 외도와 폭력에 의한 상처다. 하지만 그런 상처들마저도 시간이 지나면 옅어진다. 그리고 서로를 불쌍하게 여길 시간이 반드시 찾아온다.

미소 짓고 있는 노부부의 사진을 보면 어떤 생각이 드는가? 참 행복해 보인다. 하지만 '50년을 같이 살면서 얼마나 힘든 일이 많았을까?'라는 씁쓸한 마음이 올라오기도 한다.

그래도 나는 행복하게 웃고 있는 노부부야말로 로맨틱하다고 생각한다. 한 명의 배우자를 평생 사랑할 수 있는 것은 진정한 로맨스다. 결혼 50주년 금혼식에 자손들에게 둘러싸여 박수 받을 수 있다면 그것이 진정한 사랑의 결실이 아닐까.

결혼이 주는 이득이 반드시 있다. 성공한 사람일수록 결혼이 늦는다. 일과 공부 때문이다. 그런 사람들은 결혼을 안 하려고 한다. 결혼해서 행복한 사람을 주변에서 못 봤기 때문이다. 발을 동동 구르며 서로를 험담하는 모습만 봤다고 한다. 나는 그들에게 이렇게 물었다.

"주위 사람들이 결혼해서 좋은 점도 얘기하나요?"

사람들은 좋은 것은 숨긴다. 첫아이가 태어났을 때의 감격, 혼자 밥 먹지 않고 함께하여 덜 외로운 것, 퇴근해서 집에 왔을 때 배우자가 있어서 얻는 안도감, 경제적으로 파산했을 때 양쪽 집안의 도움으로 충격이 흡수되었던 것 등. 이런 안전장치는 미혼이 경험할 수 없다. 우리는 결혼이 주는 괴로움에만 집중하고, 결혼이 주는 이득은 당연시한다.

결혼에 대한 잘못된 선입견을 가졌거나 결혼을 할 만한 형편이 아닐 수도 있다. 또는 결혼에 실패하고 보니 '내게 결혼은 맞지 않나 보다'라고 생각할 수 있다. 부모가 좋은 모델을 보여주지 못했을 수도 있다. 대부분 결혼의 참된 의미를 배우지 못했다. 학교에서도 가르쳐주지 않기 때문이다.

결혼, 사랑 그 이상의 것

창세기에서는 결혼해야 하는 가장 중요한 이유를 독처하는 것이 좋지 않기 때문이라고 말씀한다(창 2:18 참조). 그런데 우리에게 결혼은 왜 이렇게 힘든 것이 됐는가?

막 결혼식을 치른 젊은 부부에게 닥치는 일들은 모두 깜짝 놀랄 만하다. 연애할 때에는 몰랐던 생활방식의 차이가 매일 피부로 느껴진다. 계획 없이 신용카드를 사용한다든지, 친정부모에게 남편의 사사로운 일상을 전한다든지, 건강에 해로운 습관을 지속한다든지, 수면 습관이 너무 달라서 맞추기 어렵다든지 하는 일상의 차이들이다. 기대와 너무 다른 성생활도 실망을 준다.

맞벌이 부부인 경우에는 각자의 일 때문에 너무 바쁘다. 남편과 아내의 역할에 대한 혼동과 각자 원가정에서 배운 가족에 대한 가치관의 차이는 완강한 태도와 함께 부부싸움의 원인이 된다.

성격 차이도 서로간의 소통을 방해한다. 결혼 초에 예상치 않았던 위기들이 닥치면 결혼을 잘못했기 때문이라고 한다. 결혼생활에는 재정, 친구, 질병, 친인척, 불임, 외도, 실직 등 여러 가지 위기가 도사리고 있다.

로맨스는 이러한 결혼생활의 위기를 넘기기에 충분하지 못하다. 사실 로맨스는 믿을 수 없는 감정에 근거한다. 그런데도 사람들은 결혼해서 로맨스가 시들해지는 순간, 자신의 결혼이 실패했다고 단정짓는다.

하지만 실상은 그렇지 않다. 결혼생활은 로맨스에 근거해서는 결코 유지될 수 없다. 나는 "결혼은 공개적인 언약이다. 사랑으로 결혼하는 것이 아니라, 결혼으로 사랑하게 되는 것이다"라고 말하고 싶다.

"당신이 암에 걸리든, 직장을 잃든, 우리 사이에 태어난 자녀가 장애를 가졌든 당신과 함께할 것이다."

이 언약은 기독교에서 굉장히 중요한 개념이다. 창세기에는 언약이 굉장히 많이 나온다. 하나님은 우리에게 약속을 주셨다. 우리를 구원해주시겠다는 언약이다.

결혼은 교회와 그리스도의 관계를 나타내는 표상이다. 에베소서에는 남편과 아내의 관계를 그리스도와 교회의 관계로 묘사하는데, 이는 사랑 그 이상의 것을 의미한다(엡 5:22, 33 참조).

또한 결혼은 요한계시록에 나오는 어린양의 혼인잔치의 예표로서, 이 땅에서 친밀함을 맛보는 시작에 불과하다. 천국에는 결혼이 없다고 하는 것을 보면, 영원한 친밀함 속에서 결혼의 존재 자체가 필요 없는 것일지도 모르겠다.

자기중심에서 벗어나기

"당신, 이렇게밖에 못 해!"

아내는 불만을 말하면 남편이 반성하고 더 도와줄 거라고 생각하지만 그렇지 않다. 남자는 스스로를 '여자를 만족시키지 못하는 무능한 사람'이라고 생각한다. 남자에게 무능함은 굉장히 큰 타격이다. 여자가 사랑받지 못한다고 생각하는 것과 똑같은 크기다.

그래서 아내로부터 대접받지 못한다는 상실감 때문에 나아지려는 시도조차 하지 않는다. 그냥 밟아버린다. 그래서 남편에게 "당신과 결혼해서 이게 뭐야?"라고 말하는 것은 결국 나를 망하게 하는 길이다. 나는 결혼해서 좋을 것도, 비참할 것도 없다고 생각한다. 우리의 유일한 배우자는 예수님이시기 때문이다. 내 모든 것을 만족시켜줄 배우자가 현재 남편이면 가장 좋겠지만, 반대로 생각해볼 수도 있다.

'나는 남편의 모든 것을 만족시켜주는 배우자인가?'

그러면 답이 나온다. 결혼한 지 20년이 됐는데도 남편이 자기 얘기를 안 들어줘서 못살겠다는 부인이 있었다. 그래서 내가 그녀의 손을 잡고 말했다.

"20년이나 되었는데도 아직 기대가 남아있으시군요."

물론 결혼에 대한 기대는 계속 갖는 게 맞다. 포도밭을 가꾸듯이 결혼생활을 가꾸는 것은 그만한 가치가 있다. 포도 농사를 짓는다면 당연히 넝쿨도 돌보고 잎사귀도 떼어주어야 한다. 작은 문제에도 신경 쓰며 물을 주고 돌봐야 한다.

그런데 우리의 실상은 어떤가? 가장 가까운 사람을 '자기가 알아서 살겠지' 하고 등한시한다. 다른 사람에게는 잘하지만 집에 와서는 배우자에게 한마디도 건네지 않는다. 가장 먼저 체크해야 될 것이 배우자와 관계인데 말이다.

요즘 기분이 어떤지, 건강상태는 어떤지 살펴보라. 돕는 배필의 '돕는'이라는 말은 시녀처럼 돕는다는 뜻이 아니다. 그것은 남성 우월적이고 가부장적인 성경 해석이다. '돕는 배필'은 배우자의 부족한 부분을 채워주고 돕는다는 뜻이다. 누가 능력이 더 많고 적음을 말하는 것이 아니다.

남자에게 없는 부분을 여자가 갖고 있고, 여자에게 없는 부분을 남자가 갖고 있다. 서로 다르다고 생각하면 된다. 여자가 좀 더 예민하고 빠르다. 남자는 그냥 스쳐 지나치는 것도 여자의 눈에는 망원경과 현미경처럼 다 보인다. 그래서 남편이 못 보는 부분을 아내가 채워주거나 도울 수 있다.

배우자를 통해 내가 투영되고, 내 영적 상태가 투영된다. 하나님이 우리에게 주신 가장 작은 교회가 바로 가정이고 부부이다. 그래서 우리는 부부관계에 투자를 하고, 에너지를 쏟아 가꾸어야 한다.

이혼을 결정하는 사람들은 대개 이런 생각을 한다.

: 배우자가 경제적으로 무능해서 더 이상 같이 살 이유가 없다

최근에 아내의 생활 무능력을 이혼 사유로 제시한 남성의 수가 약 2.8배 증가한 점이 주목된다. 남성들은 경기 침체로 인한 퇴직, 사업 실패 등으로 아내가 전업주부로만 있는 것에 불만을 표하는 경우가 많아졌다.

: 배우자에 대한 확신이 사라졌다

결혼 자체가 잘못됐다는 생각이다. 자신과 딱 맞는 짝을 못 만났다는 것이다.

: 여성은 반드시 순결을 지켜야 하지만 남자는 안 그래도 된다

요즘 여성의 외도가 많이 늘었다고 해도 우리 사회에는 이런 생각이 아직도 팽배하다. 그러니 남자의 외도는 당연히 눈감아주어야 한다고 생각한다.

: 성문제는 이혼에 합당한 사유가 된다

그러므로 섹스리스 부부는 이혼해도 된다고 여긴다.

이 외에 친정부모나 시부모가 사위나 며느리의 가정환경이나 경제적 환경을 문제 삼아 이혼을 요구하는 경우도 있다. 결혼을 하고 보니 '짝퉁 배우자'가 따로 있다. 바로 부모님이다. 나는 이름뿐이고, 진짜 배우자는 양가 부모인 경우다.

짝퉁 배우자가 골프인 사람도 있다. 그래서 주말마다 짝퉁 배우자를 만나러 간다. 배우자와 가정에서 시간을 보내야 하는데 다른 것에 몰입한다면 그것이 바로 짝퉁 배우자다. 일도 마찬가지다. 그래서 많은 가정이 일중독으로 파탄에 이른다.

우리 병원이 강남에 있다 보니 좋은 직업을 가진 사람들을 많이 본다. 그런데 그들의 가정생활은 오히려 엉망이다. 좋은 회사에

다니고, 아이들도 좋은 학원에 보내고, 비싼 아파트에 살면서도 남편과 아내의 사이가 좋지 않다.

때로는 아이가 짝퉁 배우자가 되기도 한다. 남편은 들어오든지 말든지 상관없다. 교육을 핑계로 배우자와 누려야 할 친밀감을 자녀와 누린다.

이런 결혼생활을 하다 보면 영혼의 어두운 밤이 온다. 불륜, 파산, 실직, 자녀의 문제, 자녀나 부부가 병에 걸려서 생기는 문제, 양가의 갈등 등 여러 가지가 넘어야 할 문턱이 된다.

이것은 결혼을 잘못해서 생기는 문제가 아니다. 자신의 영적인 단계가 한 단계 더 올라가는 결실을 맺어야 하는 상황이다. 기다려야 한다. 어떻게 기다려야 하는가? 사랑하는 척하면서 기다려라. 이것은 위선이 아니다. 사랑하겠다는 결단으로 낯선 인간 그 자체를 사랑하는 것이다.

섹스가 없는 결혼생활은 실패인가?

지금 왜 이혼율이 이토록 높을까? 자기중심적인 우리의 죄성 때문이다. 습관적인 흠집 내기 때문이다. 내 잘못은 보이지 않고 상대방의 불순물이 너무나 잘 보인다.

하지만 나는 상대방의 불순물이 보이기 시작할 때 비로소 둘이 결합되었다고 생각한다. 둘이 합하지 않으면 불순물은 보이지 않는다. 결혼을 해서 합했기 때문에 불순물이 내 것처럼 보이는 것이다. 또 다른 이유는 한 개인이 나를 만족시킬 수 없기 때문이다. 많은 아내들이 "남편이 내 얘기를 좀 들어줬으면 좋겠다"라고 하소연한다. 친정(원가족)으로부터 받은 상처, 여자로서 인정받지 못했던 상처를 남편이 풀어주길 바란다.

연애할 때는 내 얘기를 잘 들어주고 다독여주던 따뜻함이 결혼과 동시에 없어졌다고 얘기한다. 남자들이 그런 감정 욕구를 채워주지 못하는 것에 여자들은 섭섭해한다.

나는 그들에게 "그것을 만족시켜줄 사람은 없다"라고 말한다. 그러면 그들은 가슴 아파하며 펑펑 운다. 현실을 받아들이지 못하는 사람은 그 심리 역동을 분석해야 한다.

'나는 왜 마음이 허전한가? 삶이 공허한가?'

이것은 남편이 아무리 잘해줘도 풀리지 않는다. 자기중심적인 죄성 때문이다. 사람에게는 감정의 유통기간이 있다. 데이트하던 시절 도파민 때문에 일어나던 성적 흥분, 떨리는 마음, 설레던 그 순간들을 기억하는가? 물론 기억이 안 날 수도 있다.

'지금은 왜 그때의 설렘이 없을까?'

이것이 바로 외도의 핵심이다. 설렘을 주는 것이 사랑이라고 착각한다. 그러면 섹스가 없는 결혼생활은 실패인가? 나는 섹스리스 커플을 많이 보았다. 물론 성행위가 주는 육체적, 정신적, 영적 건강이 있다. 그런데 성행위가 없다고 해서 결혼이 꼭 실패인 것은 아니다. 성치료도 정신과의 영역으로, 말도 안 되는 낯 뜨거운 방법들이 있다. 예전에는 무조건 시도해야 된다고 보았다.

10년 동안 섹스리스 부부였던 부인이 찾아와 방법을 알려달라고 했을 때는 책을 보여주면서 방법을 설명해줘야 할 것 같은 압박감까지 들었다.

하지만 나는 그녀를 붙잡고 "당신 부부도 정상이다"라고 말해주었다. 사실 일반적인 부부도 성생활이 우선순위에서 밀리는 것이 현실이다. 섹스리스 커플이라도 다른 친밀감을 서로 가질 수 있으면 정상이라고 생각한다.

암에 걸려서, 성 능력을 떨어뜨리는 당뇨로 인해, 부인의 갱년기로 인해 성관계가 힘들 수 있다. 또 배우자가 꼴도 보기 싫어서 성관계를 싫어할 수도 있다.

나는 정신과 의사로서 외도를 하는 이유가 너무 궁금했다. 외도를 허용하는 문화에 속한 사람은 그것이 죄인지 모른다. 주변에 있는 사람들이 다들 그렇게 하기 때문이다. 외도에 대한 혁명적인 메시지는 고린도전서 7장에 나온다.

> 남편도 그와 같이 자기 몸을 주장하지 못하고 오직 그 아내가 하나니 고전 7:4

고린도전서를 기록할 당시만 해도 매우 가부장적인 사회였지만 바울은 아내가 남편의 몸을 주장한다는 충격적인 선언을 한다. 마음대로 외도를 하면 안 된다는 것이다. 그럼에도 부부 사이에 틈이 생기는 때가 있다. 분방(分房)을 하거나 갈등상태가 지속되어 섹스리스가 오래된 경우다.

사실 성적인 행위는 기술의 문제가 아니라 친밀감의 문제이기 때문이다. 그렇기에 이는 상대의 문제가 아니라 내 문제다. 어릴 적에 부모 또는 다른 사람과 친밀감을 어떻게 형성했는지가 부부 관계에서도 드러날 수밖에 없다.

음행에 대한 경고가 성경 곳곳에 기록돼있는데도 불구하고 반복적인 외도를 일삼는다면 심리적인 문제가 있는지 살펴야 한다. 열등감이나 불안함, 목적 없는 허무함을 해소하기 위함이거나 업무나 육아의 스트레스 해소가 필요하거나, 여전히 성적으로 매력이 있음을 확인받고 싶거나, 누군가에게 용납받고 관심받고 싶은 것은 아닌지 말이다.

자신에게 상처를 준 배우자를 벌주고자 하는 무의식적인 소망이 외도로 표현되기도 한다. 배우자의 외도를 알게 되어 정신과를 찾은 사람들 중에는 배우자의 외도 상대와 연락하여 싸움이 커져서 오는 이들도 있다. 당사자의 마음은 풀로 붙여 놓은 종이를 둘로 찢는 것과 같다.

현실적으로 외도 자체만으로 모두가 이혼에 이르지는 않는다. 그러나 외도가 반복되거나 폭력과 병행된다면 반드시 정신과적인 치료가 필요하다고 본다.

중년의 외도는 배우자 아닌 다른 상대가 너무 그리워서가 아니라, 중독처럼 한 증상으로 나타난 것이다. 그래서 나는 이런 식으로 접근해본다. 암에 걸렸다고 배우자를 버릴 순 없다고.

배우자가 외도를 일삼는다면 그가 암에 걸렸다고 생각해보자. 암을 치료하려고 힘쓸 때처럼 외도 습관을 고치려고 노력해야 한다. 실제로 배우자의 외도를 알게 된 사람이 "이렇게까지 노력해야 되나요?"라고 묻기도 했다. 나는 그럴 만한 가치가 있다고 말해주었다.

부부간의 열정을 계속 불태울 수 있다면

그렇다면 부부간의 사랑은 어떻게 이어가야 할까?《팀 켈러, 결혼을 말하다》를 쓴 팀 켈러와 그의 아내 캐시 켈러의 대화를 유튜브에서 본 적이 있다.

그들은 남성과 여성의 역할, 서로가 어떻게 섬길 것인가, 다른 부분을 어떻게 노력해야 하는가 등에 대해 말하며 "서로 철저하게 다르지만 둘이 모여야 완성되는 것이 부부다"로 결론 맺었다.

나는 오래 함께 사는 부부와 그렇지 못한 부부를 관찰한 적이 있다. 행복하게 사는 부부는 굉장히 긍정적이다. 통계를 보니 긍정성이 5, 부정성이 1이었다. 서로에 대한 기대도 높고 꾸준히 노력하는 모습도 보였다.

남편이 아무리 다른 사람에게 칭찬을 받아도 아내가 칭찬해주지 않으면 소용이 없다. 배우자의 한마디 칭찬이 굉장한 영향력을 미친다. 그래서 긍정적인 결혼생활을 위한 노력이 필요하다.

스카지로 목사님도 "결혼생활에서 열정을 유지하는 일을 영적 훈련으로 삼아야 한다"라고 했다. 하나님이 우리와 함께 계신 것처럼 부부가 매일 몸과 마음이 서로 붙어있게 해달라고 기도해야 한다. 기도하면 성령님이 서로를 더 자주 생각나게 하신다.

나이가 들면서 상대방이 점점 더 좋아진다고 고백하는 부부도 많다. 나는 의도적으로 부부가 결합하여 한 몸을 이룰 수 있도록 거리낌 없이 서로의 품에 안기는 시간을 내라고 권한다.

해소되지 않은 성욕을 혼자 음란물로 해결하려다 보면 점점 배우자에 대한 성적 끌림이 사라진다. 현실 속 침대 옆에 누워있는 배우자는 출산과 육아, 직장 문제로 몹시 지쳐있어서 음란물처럼 성적인 황홀감을 채워줄 상태가 아니기 때문이다.

서로에 대한 성적 끌림을 고조시키려면 꼭 성관계가 아니더라도 부드러운 허그나 배려하는 몸짓으로 신체적인 접촉을 자주 하는 것이 좋다. 깜짝 선물, 매력적인 스타일, 상대에 대한 관심과 봉사로 늘 노력하라. 이런 노력은 서로에 대한 관심을 보여주는 영적 훈련이기도 하다.

성생활을 통해서 여성의 자궁에서는 옥시토신이라는 '애착 호르몬'이 분비된다. 이는 아이가 젖을 물 때 분비되는 호르몬으로, 부부간의 애착관계를 지속시켜줄 비밀 무기이다. 이처럼 하나님은 우리의 결혼생활을 풍요롭게 할 비밀 무기들을 곳곳에 마련해놓으셨다.

부부간의 열정을 계속 불태울 수 있는 또 하나의 비밀 무기는 바로 '언어'다. 정신과 의사로서 남녀의 심리적인 차이를 군이 설명하지 않아도 보편적으로 남편은 아내가 자신을 인정하는 말을 할 때 아내를 사랑하는 마음이 생기고, 아내는 남편에게서 사랑의 말을 들을 때 그를 존경하는 마음이 생긴다.

비난의 언어로 서로를 원망하면서 늙어갈 것인지, 격려하면서 친구처럼 닮으며 늙어갈 것인지는 각자의 선택에 달려있다.

결혼의 놀라운 비밀

결혼의 비밀, 그것은 바로 예수님의 복음이다.

이는 남편이 아내의 머리 됨이 그리스도께서 교회의 머리 됨과 같음이니 그가 바로 몸의 구주시니라 엡 5:23

가정의 달에 특히 많이 전해지는 말씀이다. 나는 이 말씀을 읽고 너무 화가 나서 밤 11시에 목사님께 메시지를 보냈다.

"여자들은 무조건 복종해야 하나요? 머리 됨을 어떻게 해석해야 하나요?"

남편들아 아내 사랑하기를 그리스도께서 교회를 사랑하시고 그 교회를 위하여 자신을 주심같이 하라 엡 5:25

남편이 아내보다 우월해서 아내를 복종시킨다는 맥락이 아니다. 이것은 결국 언약의 말씀이다. 하나님이 우리를 위해 자신을 주심같이 배우자를 사랑하는 것. 그것은 복음이다. 그것이 결혼 현장에서 투영돼야 한다. 그것을 위해 끊임없이 노력해야 한다.

'남편과 아내의 역할에 대한 이 규정이 21세기에도 적용이 될까?'

정신과 의사로서 이 부분에 대한 고민을 많이 했다. 그러나 이런 역할 구분은 창조의 섭리에 의한 것이다. 신학자들마다 의견이 다르겠지만, 개인적으로 남자가 임신과 출산을 할 수 없는 것은 21세기에도 마찬가지라고 생각한다.

예수님의 첫 번째 기적도 혼인잔치에서 일어났다. 기적이 일어나야만 결혼생활을 유지할 수 있다. 그냥은 안 된다. 우리가 생각하는 이상적인 결혼생활은 기적 없이는 불가능하다. 남편과 아내가 각자 하나님께 헌신하고 서로에게 헌신하겠다는 약속을 충실히 지킬 때 사랑을 이어갈 수 있다.

그리스도를 경외함으로 피차 복종하라 엡 5:21

남편은 주를 섬기듯이, 교회를 섬기듯이, 예수께서 몸을 내어주셨듯이 아내를 사랑해야 한다. 아내도 예수님이 교회의 머리 되시듯이 남편을 머리처럼 여겨야 한다.

이 비밀이 크도다 나는 그리스도와 교회에 대하여 말하노라 엡 5:32

이렇게 대단한 복음이 결혼의 비밀이다. 복음과 결혼이 너무 근접하기에 그 비밀이 크다. 나는 결혼의 비밀을 알고 울 뻔했다.

'결혼에 이렇게 심오한 뜻이 있구나. 절대 가볍게 여길 것이 아니구나.'

요한계시록의 혼인잔치에 갈 때까지 끊임없이 노력하라고 하신다. 하지만 우리가 못할 걸 아신다. 그래서 노력해야 한다. 그러려면 사랑하는 것처럼 행동해야 한다. 사랑하는 게 아니라 사랑하는 것처럼.

우리는 인간이기에 배우자를 보면 때로 사랑할 조건이 전혀 없는 것처럼 보이고, 30년을 살아도 낯설게 느껴진다. 그래서 부부는 남이란 말도 있다. 진짜 남이라는 게 아니라 그만큼 나와 다른 사람이라는 뜻이다. 그 낯선 사람을 사랑하는 것이 결혼이다.

조금만 더 귀찮은 것을 참으면 된다

아는 목사님께 꽃을 선물한 적이 있다. 그 분은 꽃을 집에 가져가면 사모님께 혼이 난다며, 그동안 한 번도 꽃을 사간 적이 없다고 하셨다. 여자들은 누구나 꽃을 좋아한다. 아내에게 꽃을 선물하면 꽃값 이상의 효과를 누릴 수 있건만 목회자나 일중독자들은 이런 여유가 없다.

"꽃 대신 돈으로 주지."

이렇게 효율만을 생각한다. 꽃을 사가는 행위에는 '내가 너를 생각하고 있다'라는 뜻이 담겨있다. 돈으로 살 수 없는 친밀함이다. 내 말을 듣고 꽃을 사들고 갔더니 깊은 밤인데도 사모님이 콧노래를 부르면서 꽃꽂이를 하더라고 전해왔다. 조금만 더 귀찮은 것을 참고 한번만 상대를 생각하면 가능한 일이다.

우리는 일과 가정을 분리해야 한다. 아니, 우선순위를 가정에 두어야 한다. 사역자는 더욱 그래야 한다고 생각한다. 내 사역으로 가정이 희생돼서는 안 된다. 가정이 잘돼야 사역도 더 힘을 얻는다.

나는 얼마 전에 소천하신 빌리 그레이엄(Billy Graham) 목사님 부부의 영상을 보면서 두 분이 많이 닮았다고 생각했다. 나이가 들수록 부부는 점점 닮아간다. 이렇게 생각해보자.

'오늘 아내에게 중요한 건 뭘까? 어떻게 아내에게 예수님의 사랑을 보여줄까?'

여성들은 반대로 남편에게 중요한 것이 무엇인지 생각해보라.

'어떻게 하면 예수님의 사랑을 남편에게 보여줄까?'

조금 귀찮지만 일어나서 밥 한번 더 해주자. 그러다 보면 크리스천의 결혼은 강력한 복음의 메시지가 된다. 결혼생활을 통해 복음의 메시지가 전달된다.

내 결혼이 불안하게 시작됐다면 '왜 나만 이럴까?'라며 좌절하기보다 더 큰 은혜와 결실을 생각하자. 결혼생활을 하면서 성품의 변화와 친밀감이 상으로 주어질 것이다.

일을 생각하기 전에 아내와 남편부터 챙기자. 내 가정을 우선순위에 두자. 물론 아내와 남편을 챙기기 전에 하나님과 독대하는 시간을 우선해야 한다.

살다 보면 상대가 너무 미워서 '저 사람은 절대 안 바뀌어. 그냥 내가 포기해야지. 바라지도 말자'라는 생각이 들기도 한다. 그렇지만 생각을 바꿔보자.

'밉기는 하지만 저것은 그의 진짜 모습이 아니고, 영원하지도 않을 거야!'

상대방의 긍정적인 면을 자꾸 보려고 해야 한다. 그런 생각이 들지 않으면 사랑하는 척이라도 해보라. 배우자의 긍정적인 평가는 다른 사람이 내려준 평가보다 몇백 배 이상의 효과가 있다.

친밀함은 사실 굉장히 어려운 숙제다. 사실 힘들게 낳은 자녀와도 친밀함을 느끼는 것이 어려울 때가 있다. 성숙을 요구하기 때문이다. 죄 된 자기중심성을 버려야만 가질 수 있다. 결코 결혼식장을 나서는 동시에 그것이 생기지 않는다. 50년의 여정을 같이 가다 보면 생긴다. 그러니 당장 배우자와 친밀함을 느끼지 못한다고 너무 속상해하지 마라.

나는 부부를 치료할 때 진료실에 같이 못 오게 한다. 서로 험담하다 시간이 다 지나가기 때문이다. 각자의 상태를 먼저 챙기자. 내 상태가 좋아져야 다른 사람과 친밀해지는 것도, 나를 내어주는 것도, 존경하는 것도 가능하다.

내 상태에 경고등이 켜져 있다면 일을 내려놓고 속도를 늦춰야만 가족이 보인다. 위선이나 내숭을 떠는 것이 아니라 부드러운 터치를 해주듯이, 마음을 주듯이 선물을 줄 수 있다.

그것조차 싫다면 안기기만 하는 것도 좋다. 성이라는 것은 꼭 연합, 성적인 결합만을 말하지 않는다. 나이가 들수록 그 의미의 폭이 넓어진다. 자기중심성에서 벗어나 척하라는 것은 위선을 부리라는 뜻이 아니다.

"어머, 그 옷 입으니까 10년은 젊어 보인다!"

나와 별로 상관없는 사람에게는 이런 말을 잘한다. 매일 시간을 내어 바로 내 옆에 있는 아내와 남편을 칭찬해보자. 조금 귀찮지만 효과가 정말 크다.

정신과 의사로서
남녀의 심리적인 차이를
굳이 설명하지 않아도 보편적으로
남편은 아내가 자신을 인정하는 말을 할 때
아내를 사랑하는 마음이 생기고,
아내는 남편에게서 사랑의 말을 들을 때
그를 존경하는 마음이 생긴다.

chapter 14

독신,
결혼을 하든 혼자 살든
둘 다 나쁘지 않다

사회의 새로운 트렌드를 이해하지 않으면 갈등은 계속 일어난다. 교회에서도, 사회에서도 세대 간의 갈등이 있을 수밖에 없다. 결혼이 늦어지는 이유를 이해해주고, 그것을 결핍이나 비정상으로 치부하지 마라.

독신은 잘못된 선택이 아니다

교회는 가정을 중요하게 생각한다. 말씀도 가족 중심의 말씀이 많고, 모임도 가족 단위로 많이 이루어진다. 그런데 점점 독신 가구가 늘고 있다. 2010년 통계에서는 25퍼센트였는데 현재는 세 가구 중 한 가구가 1인 가구라고 한다.

혼자 사는 사람들이 많아지고 있고, 그들에게 관심이 필요한 때다. 교회는 더 이상 독신자 그룹을 외면할 수 없다. 그렇다면 먼저 독신의 다양한 그룹이 있음을 알아야 한다.

미혼은 결혼을 미룬 사람들이며, 하나님을 섬기기 위해 또는 개인적인 성향으로 독신을 선택한 사람들이다. 또 이혼하거나 배우자와 사별한 사람들도 있다. 이성관계가 어려운 질병에 걸렸거나 장애로 인해 독신인 사람들도 있다.

그런데 어떤 사람들은 "저 사람은 눈이 너무 높아서 결혼을 못했나 봐", "얼마나 자유분방하게 사느라고 결혼을 안 했을까?", "뭔가 문제가 있어서 결혼이 늦나?" 하는 시선으로 그들을 바라본다. 단지 기회가 없었거나 직장, 해외생활로 인해 시기를 놓쳐서 결혼을 안 하기로 선택했을 뿐이지 결혼한 사람들보다 더 성숙한 사람들도 있는데 말이다.

문제는 '비자발적' 독신의 경우다. 결혼을 하고 싶고, 해야 한다는 것을 알지만 못하는 경우다. 여성은 60대 이후에 사별로 독신인 경우가 많고, 남성은 30, 40대 비혼자가 많다. 젊은 층에서는 이혼으로 혼자 사는 경우도 점점 많아지고 있다.

서울시의 '2014 통계로 본 서울여성의 삶' 자료에 의하면 주 혼인연령층인 25~39세 서울여성 중 미혼 비율이 2010년 기준으로 48.3퍼센트로 집계됐다. 현재는 50퍼센트가 넘는다고 한다. 비율로만 보면 30대 여성이 결혼하면 이상할 정도다. 그만큼 비혼이 자연스러운 상황이 되었다.

그러면 크리스천은 이런 현상을 어떻게 받아들여야 할까? 나쁘다고 해야 할까, 좋다고 해야 할까? 결혼을 피하거나 자발적으로 선택하지 않는 데는 여러 가지 이유가 있다. 고린도전서 7장에서는 이렇게 말씀한다.

네가 아내에게 매였느냐 놓이기를 구하지 말며 아내에게서 놓였느냐 아내를 구하지 말라 그러나 장가 가도 죄 짓는 것이 아니요 처녀가 시집 가도 죄 짓는 것이 아니로되 이런 이들은 육신에 고난이 있으리니 나는 너희를 아끼노라 고전 7:27,28

결론부터 말하면, 결혼하든 혼자 살든 둘 다 나쁘지 않다. 사도 바울은 이 땅에서의 결혼에 너무 연연하지 말라고 권한다.

장가 가지 않은 자는 주의 일을 염려하여 어찌하여야 주를 기쁘시게 할까 하되 장가 간 자는 세상일을 염려하여 어찌하여야 아내를 기쁘게 할까 하여 마음이 갈라지며 시집 가지 않은 자와 처녀는 주의 일을 염려하여 몸과 영을 다 거룩하게 하려 하되 시집 간 자는 세상일을 염려하여 어찌하여야 남편을 기쁘게 할까 하느니라 고전 7:32-34

그러므로 결혼하는 자도 잘하거니와 결혼하지 아니하는 자는 더 잘하는 것이니라 고전 7:38

또 과부에게는 폭탄선언을 했다.

아내는 그 남편이 살아있는 동안에 매여있다가 남편이 죽으면 자유로워 자기 뜻대로 시집 갈 것이나 주 안에서만 할 것이니라 그러나 내 뜻에는 그냥 지내는 것이 더욱 복이 있으리로다 고전 7:39,40

당시에는 과부가 결혼하지 않으면 먹고 살 수가 없었으니 파격적인 조언이 아닐 수 없다. 이것은 당시 기독교 공동체가 홀로 된 독신들에게 정서적, 육체적 필요를 더해주었기 때문에 가능하지 않았을까 생각해본다.

상담을 받으러 오는 어떤 분이 "내가 남편이 없다고 사람들이 무시한다"라고 하소연한 적이 있다. 여권 신장이 많이 되었다고 해도 아직까지 남편이 병들어 중환자실에 누워있는 것과 세상에 존재하지 않는 것은 많은 차이가 있는 것 같다. 그렇기에 성경에서는 반드시 주변의 고아와 과부를 돌아보라고 권면한다.

> 네가 밭에서 곡식을 벨 때에 그 한 뭇을 밭에 잊어버렸거든 다시 가서 가져오지 말고 나그네와 고아와 과부를 위하여 남겨두라 그리하면 네 하나님 여호와께서 네 손으로 하는 모든 일에 복을 내리시리라 네가 네 감람나무를 떤 후에 그 가지를 다시 살피지 말고 그 남은 것은 객과 고아와 과부를 위하여 남겨두며 네가 네 포도원의 포도를 딴 후에 그 남은 것을 다시 따지 말고 객과 고아와 과부를 위하여 남겨두라 신 24:19-21

창세기에서는 결혼과 가정이 보기 좋다고 하셨는데, 왜 사도 바울은 결혼하지 않고 그대로 지내는 것이 좋다고 했을까? 에덴동산에서의 결혼은 눈물도, 죄도, 타락도, 이별도 없었지만 이 땅의 모든 결혼은 어린양의 혼인잔치가 올 때까지는 고난이 있을 것이라는 암시가 아닐까?

그러니 누군가를 정죄하거나 편견을 가질 필요가 없다. 결혼을 안 했다고 '나는 결혼도 못하고 지금까지 뭐했나?'라고 좌절하지 마라. 또 결혼을 하고서 '괜히 결혼했나 봐. 일찍 결혼해서 고생만 하네. 내 팔자는 왜 이렇지?'라고 한탄할 필요도 없다.

전업주부인 20대 젊은 엄마들 중에는 친구들이 직장에 다니고 주말에 놀러 다니는 것을 보며 일찍 결혼한 것을 후회하는 사람도 있다. 자기가 가진 것에 만족할 줄 알아야 하는데 항상 옆집의 잔디가 더 파랗게 보인다. 자기 연민에 빠지는 것은 좋지 않다.

미혼인 성인 자녀와 더불어 사는 법

우리는 '가족'이라고 하면 엄마, 아빠, 아이로 구성된 단란한 가정을 떠올린다. 하지만 가족부에서 낸 통계에 따르면 그런 가정은 10퍼센트뿐이라고 한다. 많은 가정이 이혼이나 사별, 주말부부 등의 피치 못할 이유로 뿔뿔이 흩어져 산다.

최근 비혼족이 증가하는 이유 중 하나는 경제적인 어려움 때문이다. 진료실에서 봤을 때, 직장 여성의 결혼이 자꾸 늦어지는 가장 큰 이유 같다. 남자들도 예전보다 경제적인 준비 기간이 길어졌다. 과거에는 대학을 졸업하면 알아서 결혼을 했다.

그런데 지금은 35세가 넘어서도 부모와 같이 사는 경우가 많다. 그러다 보니 부모는 성인이 된 자녀와 15년 이상을 같이 살아야 한다. 미성년 때보다 더 오랜 시간을 성인 대 성인으로 같이 살게 된다. 그러다 보니 싸움이 잦다. 자녀는 부모의 잔소리가 듣기 싫다. 엄마는 키울 만큼 다 키웠는데 성인이 된 자녀의 밥을 차려 줘야 하니 싫다.

그래서 병원에 오는 경우도 많다. 부모는 자녀에게 취업에 대한 스트레스를 엄청 준다. 부모 때는 웬만큼 노력하면 취업이 됐지만 요즘 청년들은 그렇지 않다. 준비 기간이 길어져서 대학 때 한두 해 정도는 반드시 휴학한다. 휴학한다고, 취업 못했다고 너무 타박하지 마라. 그들은 더 불안하다. 기성세대와는 많이 다르다. 결혼도, 직장도 그렇다.

결혼하지 않은 미혼 성인 자녀와 동거하는 부모는, 동등한 입장에서 성인으로 대해야 한다. 부모가 자녀를 어린아이처럼 대해서는 안 되는 것처럼 성인 자녀 역시 부모와 같이 집을 사용하는 성인으로서 부모에게 의존하면 안 된다.

사회의 새로운 트렌드를 이해하지 않으면 갈등은 계속 일어난다. 교회에서도, 사회에서도 세대 간의 갈등이 있을 수밖에 없다. 결혼이 늦어지는 이유를 이해해주고, 그것을 결핍이나 비정상으로 치부하지 마라.

만남의 장이 없는 것도 결혼이 늦어지는 중요한 요인이다. 내가 만나는 내담자들은 미혼이 많다. 모두 괜찮은데 애인이 없다. 그들의 공통점은 너무 바쁘다. 매일 밤 10시, 12시에 집에 들어가고, 주말에는 교회에 가거나 집에서 잠을 잔다. 그리고 가는 곳이 늘 집 아니면 회사다. 지나가다가 우연히 만난 사람과 결혼할 확률은 모래사장에서 바늘 찾기다. 이들에게 적극적으로 주변 사람들을 연결해주거나 만남의 장을 열어주어야 한다.

《팀 켈러, 결혼을 말하다》에서는 독신의 은사에 대해서도 언급한다. 결혼과 똑같이 중요한 것이 독신이다. 독신과 비혼이 점점 많아지는데 정작 그들을 위한 공동체는 없다. 결혼한 가정들 사이에 끼기도 어렵고, 비혼인 30, 40대로 구성된 모임에 가면 낙오자 같은 느낌을 받을 수도 있다.

팀 켈러 목사님이 사역하는 곳은 비혼자가 많은 뉴욕이었다. 그는 비혼자들이 공동체를 이룰 수 있는 방법을 고심했다. 그리고 독신자 사역에 집중하여 공동체 내에서 우정과 혈연관계 같은 느낌을 받을 수 있게 했다. 예를 들면 유학생들의 모임이나 싱글들의 모임이 가족처럼 되어버렸다. 가족을 떠나 살고 있는 사람들이 많기 때문이었다.

예전에 강의 후에 어떤 분이 찾아오셨다. 그는 혼자 있는 것이 너무 편한 자기가 비정상이냐고 물었다. 그래서 나는 나이 들수록 결혼에 대해 진지한 생각을 갖기 때문에 혼자 있으면서 결혼 상대자를 기다리는 것도 좋다고 말해줬다. 이 사람, 저 사람과 데이트를 하며 정신없이 사귀는 것보다 정말 '저 사람과 결혼하면 좋겠다'라는 상대가 생길 때까지 혼자 있어도 괜찮다.

독신의 성, 화려한 싱글은 없다

1인용 좌석에서 혼자 고기를 구워 먹는 고깃집들이 생기고 있다. 독서실처럼 칸막이까지 있다. 이런 현상은 일본에서 먼저 나타났고, 우리나라도 그대로 따라가고 있다. 일본에는 고독사(孤獨死)를 처리하는 부서가 따로 있다고 한다. 얼마 전 우리나라에도 생겼다.

일본은 황혼 이혼이 아니라 사후(死後) 이혼이 있을 정도다. 원래 배우자가 죽고 난 다음에는 이혼이 안 된다. 상대방이 없기 때문이다. 그럼에도 사후 이혼을 강행하는 것은, 그동안 참고 산 부인이 남편과 묘지에 같이 묻히기 싫어서다. 다른 이유는 시댁과 정리하고 싶어서, 즉 관계를 끊고 싶어서라고 한다.

그만큼 개인주의로 바뀌었고, 1인 가구 비율이 급속도로 증가하고 있다. 2010년에 25퍼센트였으나 10년 후에는 30~40퍼센트 이상이 될 것이다. 내가 노인이 됐을 때는 거의 50퍼센트 이상이 아닐까 싶다. 그래서 미리 대비해야 한다.

1인 가구의 어려움은 어떤 것이 있을까? 옛날에는 싱글이라고 하면 '화려한 싱글'을 떠올렸다. 하지만 요즘은 비자발적인 싱글이 많아졌다. 내가 원해서가 아니라 아무도 나와 살고 싶어 하지 않아서 싱글이 된다. 아무도 간섭하는 사람이 없다. 그러다 보니 끼니 해결 문제와 우울증, 게임 및 알코올 중독이 심각한 문제가 되고 있다.

헛헛한 마음을 달랠 수 있는 뭔가가 필요하기 때문이다. 또 가족을 대신할 공동체가 필요한데, 그것이 쉽게 구해지지 않으면 고립감 때문에 정신이 피폐해질 수 있다. 예를 들면, 아무도 그렇게 생각하지 않는데 오해를 잘 한다. 혼자 오래 지낸 사람들은 피해의식이 많다. 관계에서도 매끄럽지 않다. 분노조절 장애가 같이 올 수도 있다.

그 중에서도 독신이 겪는 가장 큰 어려움은 '외로움'이다. 그래서 일시적인 친밀감이나 사랑받는 느낌을 위해 일회성 섹스 파트너를 찾기도 한다. 자신의 성적인 능력을 확인하고, 이성으로서의 매력을 어필하고 싶은 마음 때문이다. 혼자 나이가 들어간다는, 의논할 상대가 없다는, 매력적이지 않을 거라는 두려움은 어떤 상태의 독신이든 경험하게 마련이다.

이렇듯 독신이 많아지는데 성문제는 어떻게 해결할 것인가?

'남들 다 하니, 파트너가 있으면 할 수도 있다.'

이런 분위기에서 순결을 지키기란 어렵다. 이것은 성품이나 도덕성, 절제력으로 되는 것이 아니다. 지켜야 한다는 확신과 신념만이 가능하게 한다. 세상의 목소리를 뒤로 하고 순결을 지키려면 말씀에 대한 순종이 필요하다.

소비사회에서는 돈으로 다 해결할 수 있다. 공짜로 하겠다는 것도 아니고 돈을 내고 성을 사겠다고 한다. 하지만 하나님께서 성적 순결을 중시하신다는 것이 성경 곳곳에 명시되어 있다.

창녀와 합하는 자는 그와 한 몸인 줄을 알지 못하느냐 일렀으되 둘이 한 육체가 된다 하셨나니 주와 합하는 자는 한 영이니라 음행을 피하라 사람이 범하는 죄마다 몸 밖에 있거니와 음행하는 자는 자기 몸에 죄를 범하느니라 너희 몸은 너희가 하나님께로부터 받은 바 너희 가운데 계신 성령의 전인 줄을 알지 못하느냐 너희는 너희 자신의 것이 아니라 값으로 산 것이 되었으니 그런즉 너희 몸으로 하나님께 영광을 돌리라 고전 6:16-20

유명한 뮤지컬 〈미스 사이공〉은 미군 크리스와 베트남 매춘부 킴이 만나 운명적으로 사랑하는 이야기를 그린다. 그런데 술집에서 만난 여성과 운명적인 사랑이 문제다. 불륜드라마도 마찬가지다. 소울메이트를 만났는데 하필 배우자가 있다. 이렇게 영화나 뮤지컬, 드라마를 통해 사람들은 점점 불륜을 판타지로 생각한다.

사랑의 종류도 여러 가지다. 우정, 섬김, 순종, 봉사. 그런데 사람들은 오직 로맨스만을 사랑이라고 착각한다. 사실 정신과적으로 보면 사랑은 도파민이나 엔도르핀의 일시적인 분비 때문이다. 그래서 길면 2년, 짧으면 6개월 가는 몸의 변화다. 그 이후의 사랑은 자기의 의지로 유지해야 한다.

하지만 영화나 드라마에서 보여주는 로맨스 때문에 많은 사람들이 로맨스만 사랑이라고 착각한다. 그것은 사랑의 작은 일부분이다. 이런 거짓 메시지로부터 자기를 지켜야 한다. 자신에게 문제가 있어서 연애나 결혼도 하지 못하고, 결혼을 못했으니 건강한 성생활도 할 수 없다는 자기 비난을 멈추라. 뿌리 깊은 자기 비난은 독신이든 기혼이든 하나님이 주신 인생의 목적과 은사를 개발하고 사람들과 교제하는 것을 방해한다.

결혼한 사람들이 오히려 친구관계가 단절되어 더 외롭다는 이야기도 있다. 독신인 사람들은 배우자나 자녀가 있는 사람들을 집으로 초대하거나 기혼자 가정이나 독신자들이 함께할 수 있는 모임이나 취미생활을 통해 외로움을 해결하는 예들을 충분히 만들 수 있다.

Q

독신 여성으로서
마음을 지키고 살아가는
좋은 방법에는 어떤 것이 있을까요?

A
남이 원하는 게
내 삶의 원칙이 되게 하지 마세요.

여전히 독신 여성에 대한
여러 가지 사회적 편견이 있어요.
하지만 남이 원하는 게 내 삶의 원칙이 되어서
서둘러 결혼을 해야겠다는 압박에서
자유로워질 필요가 있습니다.

저는 독신 여성들이
이기적일 것이라는 말에 반대합니다.
결혼과 출산을 한 여자는 이기적이지 않고,
그것을 하지 않았다고 이기적이라는 것은
이분법적인 생각이죠.
평생 배우자라는 결혼 파트너를 선택하지 않고,

내 유전자를 남기고 싶은
인간의 본능을 포기한 사람도
어떤 면에서는 자기희생이 따릅니다.

따라서 기혼자나 독신은
서로 등지고 살 것이 아니라
연합하고 더불어 살아가야 합니다.

자신의 결핍에 초점을 두지 않는다면
좋은 친구가 될 수도 있지요.

결혼을 했다고
친밀함이 전부 채워지는 것은 아닙니다.
결혼을 한 사람은 자유로운 싱글을
시기하거나 부러워하지 말고,
그 친구와 삶을 즐기는 법을 함께 누려보세요.

내게 상처주는
타인의 말과 행동에서 자유하기

상처를 넘어
작은 예수로 살기

나는 몰티즈 종의 강아지를 키운다. 그의 이름은 조이(Joy). 그 녀석은 내가 불러도 오지 않고, 집중력이 전혀 없어 늘 발발대기 바쁘다. 아무런 소득도 없이 먹이를 찾는가 하면 자기 똥을 주워 먹기도 한다. 바닥에서 약봉지를 뜯어 먹어서 응급실로 직행했던 말썽꾸러기 조이.

그런데 참 이상하다. 나는 그런 바보 같은 놈이 너무 사랑스럽다. 도대체 예뻐할 구석이라곤 전혀 없는데 아주 가끔 "집중!" 하고 외치면 눈치를 보면서 엉덩이를 바닥에 붙인다. 하나님이 보시기에는 내가 바로 이놈 같을 거라는 생각이 든다. 조이는 나와 닮은 구석이 아주 많다.

병원을 운영하기에는 주변 정리를 못하고, 정신과 의사이기에는 말이 너무 빠르고 성급하여 '아닌 것을 알면서도' 성급하게 말하고 행동한다. 또 아무 소득도 없이 '먹잇감'을 찾느라 급급하기도 하다.

《혼자 잘해주고 상처받지 마라》라는 책 제목이 자신의 이야기라면서 많은 분들이 공감해주셨지만, 사실 크리스천들에게는 "상처를 받더라도 잘해주어라", "잘해주고 상처받지 마라"라는 책 제목을 선사하고 싶다. 내가 좋아서 베푼 선행과 친절은 이기심에서 출발하기 때문에 상대도 나와 같은 마음이길 기대하면서 상처를 받는다.

심리학적 견해는 항상 '나'를 중심으로 출발하지만, 기독교적인 관점은 내가 삶의 주인이 아니라, 내 안에 사시는 그리스도가 주인이다. 예수님을 영접한 수많은 크리스천들이 이 두 가지 관점으로 동시에 살아가려다 보니 매 순간 스스로 의식하지 못한 채 정체성과 관계 속에서 혼돈을 겪고 있다.

나도 마찬가지였다. 프롤로그에서 언급한 '내가 넘어야 할 문턱'의 두 번째 의미가 바로 이것이다. 지금까지 20여 년간 내 지식과 임상 경험으로 진단을 내렸다면, 이제는 내 안에 사시는 예수 그리스도께 기독 정신과 의사의 정체성을 맡겨드림으로써 기존 지식을 뛰어넘는 하나님의 말씀과 성령의 가르침에 따르려 한다.

내 힘으로 살려고 애쓰면서 피곤한 삶을 살아가는 크리스천들이 이제 눈을 들어 더 크신 하나님의 계획과 삶의 목적을 바라볼 수 있었으면 좋겠다. 언제까지 상처 안에 갇혀 아파하면서 남은 인생을 보낼 것인가!

천방지축 조이 같은 내 모습이 한심하지만 나도 하나님 앞에서 할 말이 있다.

"저는 그래도 주님을 늘 바라봤어요. 그리고 혼자 막 앞질러 뛰어가다가도 주님이 어디 계신지 돌아봤어요. 하나님과 동행하는 삶이 진짜 성공한 삶이라고 생각하니까요."

살아있는 신앙은 항상 뜨거운 간증이 있는 삶이다. 사랑하는 남녀가 할 말이 끊이지 않아 밤새 전화기를 붙들고 있듯이, 오래된 부부가 다음에 무슨 말이 나올지 당연히 알듯이.

지금까지 인도하신 분과 친밀한 관계에 대한 확신이 바로 믿음이다. 나는 안다. 그분이 어떤 분이신지, 나와 앞으로 어떻게 동행하실지. 그리고 확신한다. 내가 가야 할 방향과 그 길을.

상처받지 않고 끝까지 사랑하기

초판 1쇄 발행   2018년 5월 8일
초판 20쇄 발행   2025년 4월 21일

지은이   유은정

펴낸이   여진구
책임편집   김아진
편집   이영주 박소영 최현수 구주은 안수경 김도연 정아혜
책임디자인   마영애 노지현 | 조은혜 정은혜
홍보 · 외서   진효지
마케팅   김상순 강성민   마케팅지원   최영배 정나영
제작   조영석 허병용   경영지원   김혜경 김경희

303비전성경암송학교 유니게 과정
이슬비전도학교 / 303비전성경암송학교 / 303비전꿈나무장학회

펴낸곳   규장

주소   06770 서울시 서초구 매헌로 16길 20(양재2동) 규장선교센터
전화   02)578-0003   팩스 02)578-7332
이메일 kyujang0691@gmail.com   홈페이지 www.kyujang.com
페이스북 facebook.com/kyujangbook   인스타그램 instagram.com/kyujang_com
카카오스토리 story.kakao.com/kyujangbook
등록번호 1922-2461
since 1978.08.14

ⓒ 저자와의 협약 아래 인지는 생략되었습니다.
이 출판물은 저작권법에 의해 보호를 받는 저작물이므로 무단 전재와 무단 복제를 할 수 없습니다.

책값   뒤표지에 있습니다.
ISBN 978-89-6097-537-8 03230

규 | 장 | 수 | 칙

1. 기도로 기획하고 기도로 제작한다.
2. 오직 그리스도의 성품을 사모하는 독자가 원하고 필요로 하는 책만을 출판한다.
3. 한 활자 한 문장에 온 정성을 쏟는다.
4. 성실과 정확을 생명으로 삼고 일한다.
5. 긍정적이며 적극적인 신앙과 신행일치에의 안내자의 사명을 다한다.
6. 충고와 조언을 항상 감사로 경청한다.
7. 지상목표는 문서선교에 있다.

하나님을 사랑하는 자 곧 그의 뜻대로 부르심을 입은 자들에게는 모든 것이 合力하여 善을 이루느니라(롬 8:28)

Member of the
Evangelical Christian
Publishers Association

규장은 문서를 통해 복음전파와 신앙교육에 주력하는 국제적 출판사들의
협의체인 복음주의출판협회(E.C.P.A:Evangelical Christian Publishers
Association)의 출판정신에 동참하는 회원(Associate Member)입니다.